Der Tod im Urwald

Die Erlebnisgeschichte eines Edward Miller
aus den Jahren 1865 bis 1915

Alle Rechte vorbehalten
Kurt - Dieter Küchenmeister

Wir schreiben heute das Jahr 1898 und noch immer ist unser großes Land Bharat, was auch Indien genannt wird, ein Teil von England.

Unsere nicht gewollte Königin von England, ist nun auch seit 1877 Kaiserin von unserem Land.

Es wird davon gesprochen, dass wir im sechzehnten und siebzehnten Jahrhundert, von Portugiesen und den Niederländern unterdrückt und ausgeraubt wurden.

Heute hat man das Gefühl, dass unsere Kaiserin und Königin Viktoria von England, nichts daran geändert hat, denn über Jahrhunderte werden unsere Menschen nun schon weiter beraubt, ausgeplündert, gequält und misshandelt und noch immer ist kein Ende abzusehen.

Ab 326 vor der neuen Zeitenrechnung, hatte Alexander der Große uns für sich beansprucht und um das Jahr 1000 nach Christus, teilten sich dann Fürsten unser Reich unter sich auf.
1398 nahm der Mongole Timur es in Besitz und ermöglichte damit seinem Nachfolger, das Reich des Großmoguls zu gründen.
Immer waren wir die Unterdrückten, die Geschlagenen im eigenem Land.

So erblickte ich im Jahr 1865 das Licht dieser grausamen Welt !

- - - - - - - - - - - - - - -

Als meine Mutter neunzehn Jahre alt war, verlangten ihre Eltern der Not gehorchend, dass sie die Familie, welche neben ihren Eltern noch aus weiteren fünf Geschwistern und zwei sehr alten Großmüttern bestand, nun verlassen müsse.

Dies geschah nicht, um sie für Dauer aus dem Bund der Familie auszuschließen, nein, sondern weil der eine Raum in der Blechhütte am äußersten Rand der Stadt Nägpur, viel zu eng geworden war.

Ihr Vater, konnte nur ganz selten bei der Beseitigung von Abfällen aus dem englischem Besatzerfort eine Belohnung erhalten. Die Mutter, durch das harte Leben dahingerafft, wusste nicht mehr "ein noch aus" und, da sie bisher täglich über vierzehn Stunden ununterbrochen am Webstuhl anbeiten musste, schien noch zusätzlich ihre Lunge, von dem ständigem Einatmen des Wollstaubes und besonders der herumfliegenden Farbteilchen äußerst stark geschädigt zu sein.

- - - - - - - - - - - - - - - -

Meine Mutter erzählte mir später, dass nachdem sie die schützende Umgebung ihrer Familie verlassen hatte, eine lange Zeit mit der Suche nach einer Arbeit verbringen musste.

So habe sie sich glücklich gefühlt, als ihr eines Tages auf der Straße ein englischer Offizier begegnete, welcher ihr empfohlen habe, im Casino der englischen Garnison von Nägpur zu arbeiten, dort könne sie gutes Geld verdienen.

Sie selbst habe sich damals als ganz ``hübsch´´ angesehen, diese Beschäftigung auch erhalten und das Zutragen von Essen und Getränken habe ihr auch Freude bereitet.
Die Bezahlung wäre erträglich gewesen, sodass sie ihren Eltern immer einen gewissen Betrag abgeben konnte.
Manchmal hätte es auch noch für ihres Mutters Medizin gereicht.

Ihr neues Zuhause bis kurz vor meiner Geburt, sei ein gemütlicher Raum in einem großem Haus inmitten von Nägpur gewesen.
Für dessen Nutzung habe sie keine einzige Rupie entrichten müssen.
Das Licht der Welt hätte ich aber in der kleinen Wohnung erblickt, an welche ich mich ja sicher noch erinnern könne.

Wenn ich mich weiter so zurückerinnere, gab es im Alter von vier, fünf Jahren einen Mann, auf dessen Knie ich, wie zu späterer Zeit auf dem Rücken eines Pferdes, reiten durfte. Die dabei empfundene Freude habe ich bis zum heutigen Tag nicht vergessen.
Meine Mutter erzählte mir nach zwei Jahrzehnten, dass er mein Vater war.

Zwei oder drei Jahre später kamen dann aber auf einmal andere Männer zu Besuch, welche ich mit ``Onkel´´ ansprechen durfte.
Für mich war das, sofern es draußen noch hell war ein freudiges Ereignis. Konnte ich doch unter dem Hinweis : "Du kannst noch spielen gehen und auf dem Hof der großen Häuser mit den dort wohnenden Kinder umhertollen."

Aus der heutigen Sicht wo ich diese Zeilen für meine Nachfahren aufschreibe, ist mir natürlich klar, dass meine Mutter, genau wie viele andere Frauen aus der Nachbarschaft, sich als Prostituierte den englischen Besatzern, damals als ``unsere Soldaten´´ bezeichnet, um zu über leben hingeben mussten.

- - - - - - - - - - - - - - -

Nun, wenn ich mich heute selbst einschätze, so hat es mir bis ich nach England kam nicht gefallen ein Bastard zu sein.
Je mehr ich allerdings in die Jahre komme erscheint es mir jetzt, dass es meinen Genen ganz gut getan haben muss.

- - - - - - - - - - - - - -

Aber nun zum Bericht über mein weiteres Leben.

Das Schwerste darin habe ich im Alter von neun Jahren erlebt !

Im nächsten Stockwerk genau über unserer Wohnung, wo zuerst eine einzelne Frau mit ihren zwei kleinen Mädchen wohnte, hatten sich nach deren Auszug zwei Männer nieder gelassen.

Wenn ich diesen auf dem Hof oder der Treppe begegnete waren sie immer recht freundlich zu mir.
Es kam auch vor, dass ich schon mal, ein, zwei süße Sachen zugesteckt bekam.
Sie sagten aber auch jedes Mal dazu, ich solle niemandem etwas davon erzählen, damit die anderen Kinder ihnen nicht hinterher laufen. Das verstand ich damals sehr wohl, wollte ich doch auch, dass dieser ``süße Segen´´ nicht geringer werden möge oder gar versiege.

Eines Abends, es war damals schon recht kühl, saß ich vor der verschlossenen Wohnungstür auf der Treppe und döste so vor mich hin.

Sicher hatte meine Mutter wieder Besuch empfangen und da war dann später immer etwas besseres zu essen da.
Also übte ich mich in Geduld.
Diese mir anerzogene Eigenschaft hat mir, wie sich erst im späteren Leben mehrfach herausstellte, tausendfachen Lohn eingebracht !

Nach mir lang erscheinender Wartezeit hörte ich dann jemanden die Treppe heraufkommen.
Es stellte sich heraus, dass es die zwei über uns wohnenden Männer waren.

"Na Eddi !", das war die Abkürzung für meinen Vornamen Edward, "dir wird hier doch bestimmt die Zeit zu lang, komm doch mit uns hoch, da bist du nicht so allein !"
Das war eine schöne Abwechslung in meinem abendlichen Alleinsein.

Als ich nach eine ganzen Zeit, in welcher ich auch etwas zu essen und trinken bekommen hatte zu meiner Mutter hinunter ging, war ich der Meinung, ich sollte hier oben öfter einen Besuch abstatten !

Das klappte zwar nicht allzu oft, aber wenn, dann konnte ich gesättigt die zwanzig Stufen abwärts zu Mutter hinunter springen.

- - - - - - - - - - - - - - - -

Eines Tages, ich musste wieder vor unserer Wohnungstür auf der Treppe warten, kamen wie das erste Mal unsere Stockaufwärtsnachbarn nach Hause zurück.
Ich ging mit ihnen ebenfalls nach oben, um die Zeit bis zu dem Einlass in unsere Wohnung zu überbrücken.

So nach einer ganzen Zeit meinte der Eine zu mir : "Weißt du Eddi, eigentlich könnten wir auch einmal ein schönes Spielchen miteinander machen !"
Das Wort ``machen´´ verstand ich erst nicht so recht, da es in unserer Sprache nicht verwendet wird.

Es war damals in dem Zimmer wo wir uns aufhielten recht warm und so meinte der eine Mann zu mir :
" Zieh mal die Hose aus, hier ist es doch so heiß !"

Ich konnte auch in diesem Moment nicht verstehen, warum ich, wenn es zu warm ist die Hose und nicht das Hemd auszuziehen solle.
Dann winkte er mir zu damit ich zu ihm heran komme und da ihm das wahrscheinlich nicht schnell genug ging, beugte er sich zu mir hinüber, erwischte mich am Hemdsärmel und zog mich zu sich heran, hob mich auf seinen Schoß und dann verspürte ich in meinem Hinterteil nur noch Schmerzen.
Als ich nach den vielen Hin- und Herbewegungen die er mit mir vollführte und seinem lautem Stöhnen wieder recht zur Besinnung zurück kehrte, wusste ich immer noch nicht, was mit mir geschehen war.

Eins fühlte ich aber, Schmerzen die den ganzen Abend und den folgenden Tag einfach nicht vergehen wollten !

- - - - - - - - - - - - - - - -

Am nächsten Tag setzte ich mich in die Sonne, welche nur für kurze Zeit, durch eine Lücke der eng nebeneinander stehenden Häuser hindurch lugte. Die ganze Zeit hatte ich das Empfinden, als ob mir eine Krankheit bevorstehe.

- - - - - - - - - - - - - - - -

Nach drei Tagen traf ich die beiden Männer wieder und der Andere, dessen Rufname Jeno war fragte mich :
      "Nun Junge, geht es dir wieder besser ?"
Ich bejahte es und so meinte er zu seinem Gefährten :
      "Nun, mit der Zeit wird er sich schon daran gewöhnen !"

Damals konnte ich auch aus diesen Worten noch nicht den Zusammenhang heraushören !
So kam es, dass ich nach einigen weiteren Tagen wieder bei meinen Nachbarn saß.

Dieses mal sagte Jeno so nebenbei zu mir :
"Also Eddi, jetzt bist du unser Freund und da musst du mit meinem Kompagnon ein bisschen spielen, dann essen wir gemeinsam bis wir kugelrunde Bäuche haben.

Ich fragte ihn was "Kompagnon" denn sei ?
Beide lachten laut und Jeno meinte, das sei Olo, sein Freund welcher schon einmal mit mir gespielt habe !

Mir sträubten sich bei diesen Worten sämtliche Haare und ich schrie :
"Nein, nein !", sprang auf und wollte davon laufen, aber das war nicht möglich, da die Tür des Raums abgesperrt war.

So fing man mich einfach ein, dieses mal zog mir Jeno die Hose herunter und setzte mich so auf die Knie von Olo, diesem Mann welcher mich auch das erste Mal missbrauchte hatte.

Dieses Mal war der körperliche Schmerz nicht so groß, aber da ich jetzt alles was mit mir geschah aufmerksam verfolgte, war es mir gerade so, als ob meine Seele dabei ``regelrecht zerspringen ´´wollte !

Als dieses Traktieren vorbei war und zu Abend gegessen wurde, lagen neben der mir zugedachten Speise von Olo zehn Rupie.

Ich weigerte mich diese anzunehmen und so sagte er zu mir : "Komm mit an das Fenster und höre gut zu !"

Auch dieses mal wusste ich nicht was es zu bedeuten habe, aber als wir Beide da hinaus lauschten, fragte er mich :
"Hörst du nicht die Töne, welche von da unter zu uns herauf kommen ?"
Ich vernahm es und dachte, dass vielleicht jemand ein Lied singe, welches ich mir anhören solle !
Aber nein, er sagte zu mir :
"Das Stöhnen was du jetzt vernimmst ist deine Mutter und ein Mann die auch miteinander ``spielen´´ !"

In diesem Moment erfasste mich ein bis dahin nicht gekanntes Gefühl !

Da ich an diesem Abend gut gegessen hatte und es nach einem Besuch von einem Mann bei meiner Mutter ebenfalls etwas besonders Schmackhaftes gab, entschloss ich mich, wenn auch schweren Herzens, es gleich meiner Mutter, aber mit meinen Freunden zu tun.
Nahm die Rupie und hoffte zukünftig mehr davon zu haben.

So vergingen Wochen und Monate und ich hatte zwischenzeitlich bald das elfte Lebensjahr abgeschlossen.

Mein Geldsäckchen, was ich sorgsam verborgen hielt, hatte sich schon ganz ansehnlich gefüllt und ich wäre sicherlich aus diesem Teufelskreis auch nicht herausgekommen, wenn der Olo nicht eines Tages von mir einen ganz anderen Sex, das Wort konnte ich inzwischen einordnen, gemacht haben wollte !

Auf die weitere Beschreibung dieser Angelegenheit verzichte ich aus Zurückhaltung und Scham gegenüber meinen Angehörigen und möglichen anderen Lesern dieses meines Lebensabschnittsberichtes.
Ich kann nur noch sagen, dass ich diese Männer und ihre Verhaltensweise damals zu tiefst zu hassen begann.
Sie hatten mich nicht nur gebraucht, sondern auch meine Seele bis in die tiefste Stelle hinein verletzt.

Meine Mutter konnte ich, nachdem ich die Wahrheit erfahren hatte damals noch verstehen.
Eine neue Arbeit bekam sie damals nach meiner Geburt nicht aber der Essenstisch war wenigstens für sie und mich immer gedeckt und in einer Wellblechbude mussten wir auch nicht hausen.

Hätte ich damals schon gewusst, wie man sich aus einer zwangsweißen Umarmung lösen kann, ich hätte es zu mindestens bei einem dieser Männer

Zu dieser Methode oder Möglichkeit komme ich in meinem Lebenslauf aber erst etwas später zu sprechen !

- - - - - - - - - - - - - - - -

Um diesen Männern nie wieder zu begegnen und wie ich in meinem Knabenhirn mir vorstellte, auch meiner Mutter keine Unannehmlichkeiten bereiten wollte, packte ich wenige Zeit nachher meine Habseligkeiten, eine Decke und einige schon recht heruntergekommene Kleidungstücke in ein kleineres sackähnliches Behältnis und verschwand ohne meiner Mutter direkt etwas davon zu sagen.

Nur eine Spielgefährtin aus dem Nebenhaus, hatte ich am letztem Abend in mein Vorhaben eingeweiht.

Ich hatte mir vorgenommen, mit dem an unserer Stadt vorbeifahrendem Güterzug in Richtung Osten zu entkommen.
Als dieser Gedanke in mir heranwuchs, forschte ich erst noch nach der günstigsten Möglichkeit um dieses Transportmittel überhaupt nutzen zu können und so beobachtete ich besonders die Reihenfolge und das unterschiedliche Fahrverhalten der einzelnen Züge.

So konnte ich bald feststellen, dass besonders bestimmte Güterzüge nur im Schritttempo vorbei zogen.
Einen solchen wollte ich nutzen, da nur ganz selten einmal einer hier an- anhielt, aber lange darauf warten wollte ich auch nicht.
So kam es dann dazu, dass ich eines Abends am Ende des Bahnhofsgeländes auf ein Möglichkeit wartete und als dieser ersehnte Zug an mir vorüberrollte, ich nach einigen Sprüngen den Rangierergriff des letzten Wagons erfassen und mich auf den Rangier- und Bremsplatz hinaufziehen konnte.

Hier hinten war ich vor dem herumfliegendem Ruß und wenn der Heizer den Dampfkessel ordentlich beschicken musste, auch den wild umherfliegenden Funken einigermaßen geschützt.

- - - - - - - - - - - - - - -

Da ich mich vorher über den Verlauf der Bahnlinie erkundigt hatte wusste ich, dass diese in Bombay, im Westen unseres Landes am Arabischen Meer beginnt und nach Osten hin, an meiner Heimatstadt Nägpur vorbei, über Raipur und Cuttack, nach Calcutta am Golf von Bengalen führt.
Man sagte mir auch, dass sich die Strecke bei Raipur gabele und da könne man bis nach Patna am Fluss Ganges gelangen.

Den Ganges, von welchem man erzählte, dass er so breit sei wie ein Meer, den wollte ich natürlich auch sehen.

Bald musste ich erkennen, dass ich auf dem knappen Rangiertritt nicht übermäßig lange aushalten werde, denn mein Tragsack, welcher über meiner Schulter hing pendelte im Windzug des jetzt schnell dahin eilendem Zugs gefährlich umher, sodass ich große Mühe hatte nicht vom Platz hinuntergerissen zu werden.

So sprang ich dann bei der ersten Möglichkeit, einem ersten Halt auf einem kleinem Bahnhof wo der Bedarf an Wasser und Brennstoffen aufgefüllt werden musste, herunter.
Als erstes musste meine "Dusie", so nannte ich meinen Tragsack, welcher ja meinen ganzen "Reichtum" beinhaltete vom Körper herunter.
Seine Tragriemen hatten sich schon tief in mein Haut eingegraben und sich davon zu befreien, dass wäre schon eine ganze Zeit erforderlich gewesen.

Ich hatte Glück und fand ein trockenes Plätzchen unter einem Holzstoß der als Feuerung für die Lokomotiven vorgesehen war.
Meine schwer erarbeiteten Rupien hatte ich in einem kleinem Lederbeutel, sorgsam zusätzlich mit einem Lederriemchen am Hosenbund gefesselt, tief in meiner Hosentasche verborgen.
So hoffte, ich mich eine ganze Weile vor dem Verhungern geschützt zu bewahren.

In dieser etwas sicheren Position überfielen mich nun mit einem mal Gewissensbisse, dass ich meiner Mutter nicht ein einziges Wörtchen über meine Pläne verraten hatte.
Sie glaubte bestimmt, mich bei meinen Spielkameraden in einem der Häuser nebenan zu wissen.
Insgeheim hatte ich aber die Hoffnung, dass das Mädchen, welchem ich mein Vorhaben erzählt hatte diese Information nicht für sich behalten werde.

So hatte ich mir dann vorgenommen, sie später, wenn ich größer sei und vielleicht eine Arbeit oder Verdienst hätte, aus ihrer misslichen Lage herauszuholen.

Damals habe ich jedoch nicht vorhersehen können, dass bis dahin viele Jahre vergehen sollten !

- - - - - - - - - - - - - - -

Meine weitere Reise verlief die nächsten Tage ähnlich aber mit dem Unterschied, dass ich das Unglück oder aber besser gesagt das Glück hatte, dem Heizer der Lokomotive aufzufallen.
Er befragte mich nach dem ``Woher und Wohin´´ und als ich mich ihm anbot, bei der Verladung des Heizholzes mitzuhelfen war schnell eine Übereinstimmung gefunden.
In einer kleinen Verschnaufpause, wo ich ihm von meinem Schicksal offenen Herzens und Sinnes erzählte meinte er, die Fahrt gehe von Raipur über Benares nach Patna und dort über den Ganges nach Delhi, das wäre die größte Stadt.

Bis dahin sei es sehr weit und da er gesehen hätte, dass ich guten Willens sei und schon fest zufassen könne wäre es für mich möglich, so weit ich wolle mitzufahren.

Für mich war dieses Angebot wie ein Geschenk des Himmels und so erhoffte ich, hier bei Arbeit und Brot für die nächsten Wochen gut aufgehoben zu sein.
Auf der Fahrt nach Delhi, wo des Zuges Endstation sein sollte, konnte ich auf der rechten Seite unserer Bahnlinie ein sich mächtig erhebendes Gebirge sehen.

Der Heizer, dessen Name mir entgangen ist, erzählte mir damals, dass es hier den höchsten Berg der Erde geben solle.
Sein Name sei "Qomolangma Feng", später konnte ich dann dafür die Bezeichnung "Mount Everest" erfahren und das ganze riesengroße Gebirge nenne man "Siwalik Ranke" und "Himachal Pradesh".

So führte mich mein Lebensweg vorerst nicht nach Calcutta sondern, in einem nördlichen Bogen wieder westwärts.

In Delhi angekommen, musste die Lock, ehe es weiter gehen konnte erst einmal überholt werden was eine Reparaturzeit von zirka zwei Wochen in Anspruch nehmen sollte.

Der Lockführer und der Heizer meinte , ich könne mir in dieser Zeit ein wenig die Stadt ansehen.
Es sei aber wichtig, dass ich mich dabei nicht zu weit entferne.
Wer sich hier verlaufe, werde den Rückweg wenn überhaupt, so doch nur sehr schwer wieder finden und es könne dann leicht möglich sein, dass er sich in einer Umgebung wiederfinde, die der gleiche, welche der Grund für die Flucht aus meiner Heimatstadt gewesen sei.

Der Heizer meinte dann eines Tages, dass ich das alles noch nicht richtig verstehen könne, da wäre ich noch zu jung dafür.
Um aber diese Frage nicht vollständig offen zu lassen, erklärte er mir dann, dass es in unserem Land viele Männer gibt, die nicht so wie mein Großvater mit einer Frau in einer Familie zusammenleben könnten.

Wenn ich in die Stadt komme, sollte ich einmal darauf achten und würde feststellen, dass da nicht nur lauter junge sondern auch ältere Männer herumstehen.
Diese hätte alle keine Arbeit und wer diese nicht habe, könne fast immer auch keine Frau und Familie haben.

Da aber auch diese Männer nicht immer allein sein wollten, fänden sich eben dann zwei, drei oder mehrere zusammen, welche gemeinsam wohnten, und den Rest hast du ja selbst erlebt, den brauch ich dir nicht weiter erzählen!"

- - - - - - - - - - - - - - - -

Da dieser Heizer damals der erste Mensch war, welcher mir etwas erzählte, was ich in meinem damaligen Alter nicht allein erkennen konnte und wie ein Vater mit mir umzugehen schien, beschloss ich, sofern der Lockführer damit einverstanden sei, noch eine ganze Weile bei ihm zu verweilen.

So lernte ich noch einige Eisenbahnlinien und die Grundzüge des menschlichen Lebens kennen.

- - - - - - - - - - - - - - - -

Als ich das sechzehnte Lebensjahr erreicht hatte und wir wieder einmal die Strecke von Delhi zurückdampften, verabschiedete ich mich eines Tages in Hajpur, ehe der Zug den Ganges in Richtung Patna überquerte, von meinen inzwischen zwei Ersatzvätern. Dieses geschah natürlich nicht ohne das vorherig Versprechen, eines Tages mit ihnen ein Wiedersehen zu feiern und zu meiner Mutter zurückzukehren.

Welches Ziel ich hatte, das war in den letzten Jahren zu einer festen Vorstellung herangereift.

Der Lockführer, ein erfahrener Mann hatte mir erzählt, dass in den Urwäldern entlang des Gebirges eine Pflanze wachse, die "Lebenswurz" genannt werde und wer sie in kleinen Mengen esse, sei sein ganzes Leben gesund und ihn ereile keine Krankheit.
Diese Pflanze sei aus diesem Grund wertvoll und ihre Wurzeln nur mit Gold aufzuwiegen.
Aus diesem Grund versuchten viele Inder immer wieder im Urwald, wo die Monsunregen ihre Wasserlast abladen diese Pflanzen zu finden.

Er betonte aber besonders:
"Viele Menschen gehen hinein,
nur wenige kommen wieder heraus !
Die wieder zurückkommen werden reich, die
Wegbleibenden sind tot !"

- - - - - - - - - - - - - - -

So war nun auch der Tag gekommen, wo ich nicht in erster Linie reich an Geld, sonder reich an Wissen werden wollte, wobei ich natürlich auch nicht verheimlichen möchte, dass sicher der Wunsch nach Reichtum im geistigen "Hinterstübchen" schon eine Rolle gespielt haben muss.

Aber was den Reichtum betraf, solche Gedanken hatte ich vor meiner Flucht von Zuhause immer dann, wenn ich mich an das Geräusch erinnerte, was damals aus dem unterem Hausgeschoss zu dem Zimmer der beiden Männer herauf drang.

Aber, wenn ich daran dachte was ich damals alles erleben musste, dann stieg in mir eine unglaubliche Wut auf und ein erbärmlicher Schmerz durchfuhr meine sämtlichen Glieder.

Den Wunsch, diese Erinnerungen zu vergessen und sicher auch die Neugier eines jungen Menschen brachten mich nun ein zweites Mal auf den Weg in die Ungewissheit !

- - - - - - - - - - - - - - - -

Für meine Arbeit auf der Lokomotive hatte ich einwenig Lohn erhalten, sodass ich von dieser Seite her gesehen meinen Weg etwas unbeschwerter in Angriff nehmen konnte.
Um meines Weges gut voranzukommen, hatte ich mir als erstes neues Schuhwerk besorgt.
Meine ``Dusie´´ war auch mit erworbenen Kleidungsstücken, einem Netz gegen die lästigen Mücken und einem gutem Klappmesser neu bestückt.

Auf einer alten Landkarte hatte ich mir den vorgestellten Weg aufgezeichnet und dabei beabsichtigt, entlang des Flusses "Gandak" stromaufwärts, Richtung Gebirge zu wandern.
An ihm entlang, meinte ich, wäre es möglich, den Weg welcher durch den Urwald führen sollte nicht zu verfehlen.
An dessen Ende sollte laut der Karte eine kleine Stadt im Gebirge, namens "Kalhmandu" liegen.

Der Lokführer hatte mich allerdings davor gewarnt bis dahin vorzudringen, denn sie sei eine kleine Gebirgsstadt welche bereits im Nachbarland "Nepal" liege !

Da dieses Land für mich keinen Begriff darstellte, legte ich in diesem Moment den Gedanken, bald dort hin zu gelangen in der "geistige Schublade" ab.
Mit diesem Entschluss konnte ich auch erst einmal ganz gut leben, da mein eigentliches Ziel ja der Urwald war.

Nach von mir vernommenen Erzählungen, sollte dieser nur aus riesengroßen Bäumen und viel Getier bestehen. Weitere Kenntnisse besaß ich nicht.

- - - - - - - - - - - - - - - -

Bei meinen ersten Stunden Fußmarsch am Fluss entlang, kamen mir erneut die Hinweis für diese Landschaft in den Sinn :
    "Es gehen viele hinein, nur wenige kommen wieder heraus !"

Diese Gedanken daran, wollten mir die ersten Tage fast den ganzen Elan am Vorhaben nehmen.

Da aber "Ziel und Wunsch" sich zu einem "Muss" zusammen getan hatten, kam ein "Zurück" nicht mehr in Frage !

- - - - - - - - - - - - - - - -

So war ich nun schon vierzehn Tage, ich schnitzte in meinen Gehstock für jeden Tag eine winzige Kerbe, auf dem am Fluss entlang führendem kaum genutzten Pfad unterwegs, als dieser plötzlich links ab, geradezu in den tieferen Wald abbog.

Hier schlug mir die warme und feucht Luft geradezu in das Gesicht und dieser Zustand verstärkte sich noch aller zehn Schritte geradezu um das Doppelte.

Mein Hoffnung, unter den zunehmend höheren Bäumen eine Erleichterung zu finden, erfüllte sich auch nicht.

So stand ich nun bald da und hatte große Zweifel, ob es nicht besser sei, meinen weiteren Weg auf dem Fluss zu suchen.
Mit einem Boot hätte ich eventuell besser vorankommen können, aber außer Flößen, zusammengestellt aus mächtigen Baumstämmen, von einigen Männern flussabwärts dirigiert, war mir bisher kein anderes Wasserfahrzeug begegnet.
Alles hatte hier nur den einzigen Willen : "flussabwärts zu kommen". Auch die von mir oftmals überquerten kleinen Wasserläufe hatten nur dieses einzige Ziel.

Nach einer unruhigen Nacht hatte ich mich dann dazu entschlossen, diesen Waldweg als einzigen Ausweg aus meiner augenblicklich misslichen Situation weiter zu nutzen.

So an diesen Pfad gefesselt musste ich nach einigen Tagen erkennen , dass der Himmel über mir, von Tag zu Tag immer schlechter zu erkennen war. Das lag wohl an den Bäumen, die sich immer weiter höher dem Sonnenlicht entgegenstreckten und deren Kronen danach trachteten, den ihnen zur Verfügung stehenden Raum intensiver ausfüllen zu wollen.

- - - - - - - - - - - - - - - -

Bei meiner Wanderung durch diese Natur fühlte ich, dass die Dunkelheit der Nacht immer schneller über mich herein brach und das Tageslicht frühmorgens immer länger auf sich warten ließ.
Auch der Boden, auf welchem sich der schmale Weg entlang schlängelte erschien mir immer feuchter und schwammiger zu werden.
Mein guter Wegberater, der Lockführer hatte mir schon angeraten, dass ich mich beeilen müsse, um den Sumpfwald noch vor dem bald beginnendem Monsunregen zu durchqueren.

Aus diesem Grund marschierte ich auch vom Tagesanbruch, mit einer kleinen Unterbrechung zur Mittagsmahleinnnahme, bis zu dem Einbruch der Dunkelheit welcher mich zum Verweilen zwang.

An ein Übernachten am Boden war bei dessen Beschaffenheit nicht mehr zu denken und da man mir vor Beginn meines Aufbruchs bereits sagte, ich solle mich vor dem am Boden herumkriechendem Getier hüten, war ich nachdem auch meine Füße schon mit glitschigen Schlangen Berührungen hatten, zur Auffassung gekommen, zukünftig in etwas höherer Region zu ruhen.

In einem Kinderbuch eines Freundes von mir hatte ich einmal gesehen, dass Affen sich für die Nachtruhe ein richtiges Nest auf Bäumen errichten. So versuchte ich bei meinem Voranschreiten, gleichermaßen den beiderseitigen Baumbestand nach einer sich zu eignenden Astgabel abzusuchen.

Glücklicherweise fand sich dann kurz vor Dunkelheitseinbruch, in ungefähr vier Meter Höhe eine solche.
Das Problem war nur, dass die verbleibende Zeit nicht mehr ausreicht, um für die strapazierten Glieder noch ein geeignetes Ruhekissen anzufertigen.

Aber zu meiner Freude entdeckte ich, dass vom Nebenbaum mehrere Ausläufer einer Schlingpflanze herüber gewachsen waren, welche sich als notdürftige Rückenstütze nutzen ließen.
So kauerte ich halb eingekeilt, mit der Angst herunter zu fallen, die Nacht an diesem Fleck.
Nach langem vor mich Hindösen muss ich dann wohl doch eingeschlafen sein.
Plötzlich war ich jedoch vollkommen wach, will an meinem Baum etwas herumkratzte.
Ich suchte etwas zu entdecken und bei dem Hinabsehen erschrak ich bis in das Knochenmark.
Die Haare schienen sich mir zu sträuben, den von da unten sahen zwei grün leuchtende Augen zu mir herauf !

Ein Tier schien sich am Baum aufzurichten und fauchte zu mir herauf.
Danach war wieder das Kratzen am Baum und ein Spritzen wie von Wasser zu hören.
Anschließend vernahm ich das leichtfüßige Entfernen eines von mir nicht erbetenem Lebewesens.

Ganz kurz darauf stieg ein äußerst unangenehmer Geruch zu mir empor.
Danach muss ich mich wohl wieder beruhigt haben, denn als ich erwachte, waren die Vögel im Geäst schon recht erstaunlich rege.

Steif und abgekühlt stieg ich herab und konnte nun am Fuß des Baumes, handtellergroße Fußspuren entdecken.
Die Rinde des Baumes war angekratzt und der von mir schon Wahrgenommene Geruch schien von hier auszugehen und war noch unausstehlicher als oben.

Zu allem Unglück war auch ich bei dem am Stammherunterrutschen mit dieser Flüssigkeit in Berührung gekommen, sodass auch ich nun entsetzliche Düfte verbreitete !

- - - - - - - - - - - - - - - -

Jeder, welcher meine Lebensgeschichte liest wird bestimmt verstehen, dass ich mich schnellstens, ohne auch nur ein bisschen Nahrung zu mir zunehmen, von diesem Platz entfernte.
Auch hatte mich ein Unbehagen befallen, weshalb ich erhoffte, recht bald eine menschliche Behausung aufzufinden.
Das resultierte auch daraus, weil ich nicht wusste um was für ein Tier es sich gehandelt habe und ich darauf bedacht war, eine solch Begegnung so schnell nicht wieder haben zu wollen.

Allerdings am gleichem Abend sollte ich es schon wieder erfahren und da standen mir nicht nur die Haare zu berge sondern auch die "Gänsehaut" die mir über den Rücken im Wechsel herunter und wieder hinauf kroch wollte nicht mehr verschwinden !

Ich war auch an diesem Tag immer auf meinem Pfad weiter gewandert, ohne nur einer einzigen Menschenseele zu begegnen.

Die ganze Zeit, welche nach dem Verlassen von Hajpur vergangen war, hatte ich keinerlei menschlichen Kontakt und diese Last erschwerte mir mit einem mal jeden Schritt.
Da ich so etwas noch nie erlebt hatte wusste ich im Augenblick auch nicht, wie dieses Gefühl der Einsamkeit zu bekämpfen sei.

Kurz zuvor, ehe sich die Dunkelheit über dem Dschungel herabsenkte konnte ich noch erkennen, dass sich mein Weg ganz weit vorn nach zwei Seiten verlor.
An diese Stelle herangekommen stand nun erneut die große Entscheidung vor mir, in welche Richtung sollen mich meine Füße tragen ?

Nach vielem `Hin und Her´, ließ ich mein "Herz sprechen", was ja im Körper etwas von der Mitte, mit seiner Spitze nach links gerichtet ist.
Ich hob einfach einen Arm, ohne darüber nachzudenken welcher es denn eigentlich sein sollte, und dieses war der linke Arm.
Vielleicht habe ich in diesem Moment mit dem anderen gerade meinen Tragsack gehalten ? Ich weiß es heute nicht mehr !
Aber, dass ich der richtungsweisenden Hand nachgegangen bin hat sich in mir tief eingeprägt.

Auch heute hab ich noch diese Angewohnheit, sofern ich an einem Scheideweg stehe, unbewusst meine Hand zu heben und ihr danach zu folgen!
So kam ich, nach vielleicht einer halben Stunde, unvorhergesehen auf einer großen Lichtung, überglücklich den Sumpfdschungel hinter mir gelassen zu haben, an.
Hier war die Nacht noch nicht im vollem Maße ihrer Macht angebrochen.

Vor mir erblickte ich eine größere Ansiedlung und in deren Hintergrund das riesige Gebirge wie zum Greifen nahe !

Die untergehende Sonne spiegelte sich an den schneebedeckten Gipfeln in einem Rosarot, dessen heller Schein sich immer mehr zu einem Blutrot verwandelte, um dann in einem drohendem Schwarz mit silbernem Glitzern an den Bergspitzen, vor dem Tiefblau des Himmels zu entweichen.

Hier war nun mein erster Wunsch zu dieser vorangeschrittenen Zeit ein geeignetes Ruhplätzchen zu finden, den die letzte Nacht und der Tagesmarsch hinterließen bei mir deutlich ihre Spuren.

Die Wege zwischen den aus Holz gefertigten Hütten waren scheinbar menschenleer, aber ``hie und da´´ schickten Öllampen ein spärliches Licht aus fenstergroß gelassenen Öffnungen in die Freiheit der Natur.
Die einzigen Lebewesen welche ich noch vorfinden konnte, waren herumstreuende Hunde welche sicher noch nach etwas Fressbarem unterwegs waren.

Nach längerem Suchen um den geeignete Schlafplatz zu finden, war ich auch an einem Tempel angelangt, neben dessen Eingang ich mich niederzulassen gedachte.

Damals war ich der Auffassung, dass die heiligen Geister es mir verzeihen, wenn ich meine Achtung vor ihnen nicht im Tempel sondern gewissermaßen im ``Vorhof´´ erbiete und dort verweilen werde.
So muss dann wohl auch der Schlaf recht schnell über mich gekommen sein.

Durch die nun schon wochenlange Wanderung durch die Wildnis des Dschungels, waren meine Sinnesorgane sicher schon auf die Wahrnehmung kleiner Geräusche orientiert, denn plötzlich erwachte ich, weil sich in meiner Nähe irgend etwas zu bewegen schien !

Im schwachem Licht des eben aufgehenden Mondes leuchteten mir wieder wie in der letzten Nacht, ein paar grüne Augen die sich hin und her bewegten, entgegen !
Als diese in geringer Entfernung vor mir zum Stehen kamen, konnte ich die

Umrisse eines großen katzenähnlichen Tieres erkennen.

Erschrocken sprang ich auf, konnte auch den Griff der Tempeltür erreichen, diese öffnen und so verschwand ich im ``Heiligen Inneren´´ dieses Ortes.

Nachdem sich meine Augen an die dortige Dunkelheit gewöhnt hatten, konnte ich einen alten Mann vor einem Talglicht kniend erkennen, der seinen heiligen Dienst vor einer Buddhastatue verrichtete.

- - - - - - - - - - - - - - - - -

Ich habe mich damals dort andächtig neben ihm niedergelassen und verweilte bei ihm bis zum Morgengrauen.
Durch diesen Zufall lernte ich einen Menschen kennen, welchem ich die Erhaltung meines Lebens, den sinnlichen Geist und einen bescheidenen Reichtum verdanke !

Nachdem er meinen Lebensweg und die Gründe für meine Suche nach dieser abgeschiedenen Gegend erfragt hatte sagte er zu mir :
     "Wer den Weg eines Unwissenden geht,
        dem ist der Abgrund näher als der nächste Atemzug !",
und dann weiter,   "nun mein Sohn, ich werde Dich lehren,
        ``den Abgrund zu finden, um die Höhe zu erklimmen´´ !"

Diese Gedanken waren mir damals zwar vollkommen unverständlich, jedoch, wie sich später herausstellte und es sich noch heute bewahrheitet eine :
     "Erkenntnis und Worte von unendlicher Weisheit !"

Ein solches Maß an konzentriertem Wissen habe ich bisher nie wieder vernommen.

Danach verließen wir die heilige Stätte und begaben uns zu einer kleinen, erbärmlich anmutenden Hütte am Rande der Siedlung.

Hier bei ihm durfte ich eine längere Zeit bleiben, bis der an dem nächsten Tag einsetzende Monsunregen sein "Werk" vollendet hatte.

Jetzt dampfte die ganze Natur wie ein Waschkessel bei meiner Großmutter.
In ihrer Hütte vielen dann riesige Tropfen vom Blechdach hernieder und verwandelten den aus gestampfter Erde bestehenden Fußboden in eine glitschige Rutschbahn.
Hier am Rande des Dschungels stand man im Wasser, was so aussah, als siede es.
Es war nicht so heiß, aber die Luftblasen welche aus der Erde zu flüchten schienen um dem hier trockenem Boden den Raum für das ersehnte Nass zu geben, vermittelten dem Betrachter diesen Vergleich.

So hatten wir, der alte Mann und ich, wie er meinte, genügend Zeit um uns auf die bevorstehende Reise zu den "Wurzelmenschen" vorzubereiten.

- - - - - - - - - - - - - - - -

Diese Bezeichnung war für mich damals zu erst auch etwas ganz Neues und ich hatte zuerst an Geister gedacht, welche er mit mir, im Sinne des Glaubens, ``aufzusuchen´´ gedenke.

Nachdem ich ihn immer wieder, nach deren Herkunft und ihrem Dasein fragte, holte er aus einer Kiste unter seiner Liegestätte zwei merkwürdige Dinge hervor.

Das Erste sah wie ein Stück Baumwurzel aus, das zweite Ding wie ein Stück schwarzbraunes Holz.
Es hatte Ähnlichkeit mit einem Messergriff, aber ohne Klinge.

"Sie her", sagte er zu mir, "das ist ein Wurzelmensch !"
Ich betrachtete diese Wurzel und entdeckte dabei, dass sie einem Menschen ähnlich sah, mit Körperrumpf, Armen und Beinen,
selbst einen Kopf war vorhanden !

Er erklärte mir dann, dass diese Wurzel essbar sei und Kräfte enthalte, die kranken Menschen ihre Gesundheit wieder herbeischaffe, ihre Kräfte wachsen lasse und sie befähige, diese immer wieder zu finden, damit sie auch anderen Menschen helfen könne.

Dann erzählte er mir von seinen Erfahrungen und den Gefahren, die ihn die Jahrzehnte seiner Suche nach diesen wertvollen Gewächsen begleitet hätten.
Da die Wurzeln nur noch tief in den Wäldern bis hin nach China zu finden seien und die Begierde danach, durch ihren hohen Wert hervorgerufen immer mehr steige, hätten sich die früheren friedlichen Sammler inzwischen zu gierigen, teils brutalen Wurzeljägern gewandelt.

Es sei jetzt schon zum ``normalem Zustand´´ geworden, dass immer mehr ``Goldgräber´´ in den Wald hinein gehen, als wieder herauskommen !"
Bei diesen Worten erinnerte ich mich wieder an die Warnung meiner Freunde von der Lokomotive und mich beschlich dabei ein nicht besonders angenehmes Gefühl.

Dann klärte er mich weiter darüber auf, dass er tote Sammler gesehen habe, die nur als Skelette, oder teilweise von Tieren zerrissen und verstreut herumlagen, aber auch Tote, welche nur zerkratzt und stranguliert wurden.

Nur teilweise habe er noch deren Werkzeug und ganz selten einen aufgerissenen, aber immer leeren Sammelbeutel gesehen.
Herumliegende Wurzeln oder wohlbehaltene Beutel nie !
So erzähle man sich in der Umgebung, dass im Wald ein Tiger existiere, der nur Menschen töte aber nicht fresse.

Ich fragte ihn damals, ob er denn solch ein Tier, wo man so etwas annehmen könne schon einmal gesehen habe ?

Er bejaht dieses ! Jedoch hätte er sich die letzten dreißig Jahre nie angegriffen gefühlt, im Gegenteil die Bengalischen Tiger, so sei ihr Bezeichnung, wären ihm immer ausgewichen.

Als er jedoch jünger, so an die zwanzig Jahre alt gewesen wäre und seinen Vater begleitete, habe es zwei Zwischenfälle gegeben.
Damals hätte sein Vater den ersten Tiger getötet, bei dem zweiten Tier wäre es sein Werk gewesen.
Auf welche Art das erfolgen müsse, hat er damals angedeutet, werde er mir, wenn es so weit ist rechtzeitig noch erklären.
Das ist dann auch geschehen, dennoch war ich froh, dass ich dieses Wissen nie selbst anwenden musste.

- - - - - - - - - - - - - - - -

Eines Tages erinnerte ich ihn nochmals an unser erstes Zusammentreffen im Tempel und rief ihm noch einmal, mein dortiges nächtliches Erlebnis vor dem Tempel in die Erinnerung zurück.

Da ich ihm dabei nochmals sagte, dass es so ein katzenartiges Tier gewesen sei, vielleicht viel kleiner als er mir einen Tiger dargestellt hat, da huschte ein leichtes Lächeln über seine faltigen Gesichtszüge und er meinte :
"Nun das kann dann nur ein schwarzer Leopard, oder auch Panther genannt, gewesen sein, die gibt es bei uns reichlich!

Vor ihnen muss man sich im Wald allerdings vorsehen, da sie sehr oft von den Bäumen aus ihre Beute belauerten. Aber bei ihnen und den Tigern gibt es natürlich auch alte Tiere, die einer schnellfüßigen Beute nicht mehr folgen können und da ist es natürlich möglich, dass sie sich aus der Not heraus auf die Menschenjagd spezialisiert haben !" War damals seine Belehrung für mich.

Danach griff er nach dem Stück Holz was er mit aus seiner Vorratskiste geholt hatte, hielt es in der rechten Hand und sagte zu mir :
        "Pass jetzt genau auf, und sieh das Holz an !"

Dabei schien er das Holzstück fest zusammenzudrücken und in diesem Moment sprang aus dessen Mitte eine ganz dünne Klinge heraus, die mehr einem Spieß als einem Messer ähnlich war.
   Das ist ein ``Stichel´´!", klärte er mich auf.

"Und, was soll mit diesem gerade fingerlangem Ding passieren ?",
war meine Frage.

Warte nur, habe Zeit ! Im Bergdschungel wirst du erleben wie es anzuwenden ist, damit man dem Tod entrinnt !"
"Was brauchen wir denn noch zum Überleben?" habe ich damals gefragt.

Er : "Ein Buschmesser auf jeden Fall, siehe, es liegt immer hier neben der Tür auf dem Türbrett !"
Mit einer kurzen Wendung hatte er es in der Hand und sagte :
"Gib im Dschungel acht, wenn uns ein Tiger begegnet, dann trittst du hinter einen Baumstamm, komme auf keinen Fall dahinter vor, sonst ist einer von uns seine Beute !
   Ich, werde ihn wenn er angreift töten !"
Nun neugierig geworden fragte ich :
   "Und wie stellst du das an ?"

"Nun stell dir vor, da hinten stehe ein Tiger und sieht dich an, bleib dann ganz ruhig ohne dich zu bewegen !
Dann faucht er, das soll bedeuten, du sollst gehen. Das bedeutet aber nicht, dass wenn du dich umdrehst und wegläufst, er dich nicht mit, ein, zwei Sätzen eingeholt hat und mit einem Tatzenschlag niederstreckt.
Also bleib stehen und sieh ihn scharf und ruhig in die Augen, damit du erkennen kannst was er tun wird !
Geht er nicht weg, dann heißt das, er wird dich angreifen.

Also ziehe dein Buschmesser und halte deinen Arbeitsarm in deiner unteren Brusthöhe mit der Klinge schräg aufwärts nach vorn gerichtet.
Und nun wartest du ohne dich zu bewegen !

Der Tiger wird sich zum Sprung ducken und den Sprung hoch ausführen, da er sich in seiner Sprunghöhe an der Höhe deines Kopfes orientiert !

Also gerade stehen ! Nicht bücken ! Sonst ist sein Sprung zu niedrig und du verlierst den Kampf !
Jetzt musst du auf jede kleinste Bewegung seiner Muskeln achten !

Er wird sich mit seinen Vorderpranken in die Höhe werfen und mit den Hinterpranken vom Boden abschnellen.

In diesem Moment, wo er durch die Luft auf dich zuschießt kann er sein Richtung nicht mehr ändern und das ist deine einzige Chance !

Im gleichen Moment musst du ihm geduckt entgegenspringen, den Arm mit dem Messer genau im Augenblick wo er über dir hinweg fliegt, ihm nach oben den Todesstoß in das Herz geben.

Halte das Messer, wenn es dir möglich ist in der rechten Hand, denn der Tiger hat sein Herz auch linksseitig liegen !

Du wirst dabei rückwärts stürzen und das musst du vorher fest in deinem Gehirn speichern !
Aus diesem Grund übe immer wieder auf das neue den Rückwärtsfall, damit du nicht überrascht bist.
Wenn du gut warst, liegt der Tiger verendet hinter dir !"

"Und wenn nicht ?", war meine Frage.
"Du hast ihn bestimmt verwundet, wenn nicht gleich das Herz, dann den Bauch.
Wenn das Messer tief genug sitzt, und das sollte es auf jeden Fall, hast du bis zum nächstem Angriff ein klein wenig Zeit um auf einem Baum zu verschwinden.

Richte dich von vornherein auf solch eine Situation ein, indem du die Bäume vorher irgendwie schon einmal ganz kurz überblickt hast und wenn du einmal oben bist, vor einem halben Tag nicht wieder herunter kommst !

Da du auch ein zweites Messer bei dir trägst, könntest du auch noch einem zweitem Angriff widerstehen.
Aber merke dir, er wird nicht noch einmal springen !
Sondern dich zu ``Fuß´´ angreifen !

Lege also deinen Sammelsack vor dem ersten Angriff immer weit genug von dir weg, damit er dich nicht behindern kann, denn ein vorzeitiger Sturz von dir ist dein sicheres Ende !
Nun ich hoffe nicht, dass ich dir einen solchen Kampf zeigen muss !"

Meine Frage, wie viel solche Kämpfe er schon bestehen musste, beantwortete er mit :
"Vier Stück, aber es ist schon eine Weile her und man kommt aus der Übung".

- - - - - - - - - - - - - - - -

Der Alte, der sich von mir inzwischen ``Jong´´ nennen ließ, legte das ein Buschmesser und die zwei anderen Gegen- stände wieder an ihren Ort zurück und sagte :
    "In einigen Tagen ist es soweit, dann können wir nach
                Wurzeln suchen !"

Zu späterer Zeit konnte ich dann den normalen Namen dieses Gewächses erfahren, man nennt es ``Ginseng´´.

- - - - - - - - - - - - - - - -

Nachdem die Vorbereitungen abgeschlossen waren, unsere Tragsäcke mit dem benötigtem Proviant und anderen Utensilien wie Grabhaken , Buschmesser und Kochschüssel ausgerüstet hatten, zogen wir in Richtung Nepal davon.

Unser Ziel war dabei das Gebiet, was als Mahäbhärat Range bezeichnet wurde. Dort kamen wir nach vielen anstrengenden Tagesmärschen nach Wochen an.

- - - - - - - - - - - - - - - -

Jetzt befanden wir uns in einem dichtem Waldgebiet was sehr hügelig, und des starken Pflanzenwuchses und der Felsstücke wegen, die wie von Geisterhand hingeworfen anmuteten, sehr schwer zu begehen war.
Diese großen Steinbrocken versperrten uns zunehmend den Weg in die tiefen Schluchten.
Seitlich zogen sich steile Abhänge fast unendlich erscheinend dem Himmel entgegen, aber Jong war der festen Meinung, dass wir hier die Wurzeln finden müssten. Erst nach langem Suchen konnte er fündig werden.

Mit seinem Grabhaken löste er die Pflanze vorsichtig aus der Erde heraus und achtete besonders darauf, das der Pflanzenschopf und einige davon ausgehende gesunde Wurzeln erhalten blieben.
Danach versenkte er die Pflanz, in Begleitung eines dahin``gemurmeltem´´, von mir nie verstandenem Spruchs der auch wie ein Gebet anmutete, ein wenig abseits wieder in die Erde.

Er erklärte mir, dass er damit, anders wie die meisten Sammler, welche die ganze Pflanze herausreißen und mit nehmen, dafür sorge, dass der Bestand weiter existieren könne.
Die Raffgier sei der schlimmste Feind aller Lebewesen, und der Tag sei nicht weit entfernt, wo die Menschen damit ihr eigenes Leben zerstören würden !

So konnte wir in den nächsten Wochen, wenn auch unter großen Anstrengungen einiges sammeln.

- - - - - - - - - - - - - - - -

Auf unserer Suche begegneten wir einer ganzen Reihe von menschliche Gerippen, welche in mir ein sehr unangenehmes Gefühl erwachen ließen.

In den Nächten wachten wir aus diesem Grund abwechselnd an einem Feuer, was immerhin eine gute, unbesorgte, wenn auch mehrmals unterbrochene Nachtruhe ermöglichte und waren vor nächtlichen Überraschungen durch Raubtiere, welche sich schon ab und zu von etwas Entfernung meldeten, geschützt.

Jong erklärte mir die unterschiedlichen Fußspuren, welche des hier harten, zum Teil steinigen Bodens nicht immer gut zu deuten waren.

Eines Tages, als er als zweiter Mann, also hinter mir lief meinte er :
    "Gut so, dass ich dich heute immer im Auge behalten kann !"

Ich fragte zurück : "Warum er dieses meine ?"
"Nun, ich rieche es geradezu, dass es hier Leoparden gibt, mein Hölzchen habe ich aus diesem Grund schon griffbereit einstecken !"

- - - - - - - - - - - - - - - -

Keine Viertelstunde später flüsterte er ganz leise :
    "Hinter dem Baum, rechts vor uns bleibst du stehen !
    Uns schleicht einer nach und er wird versuchen mich
    anzugreifen, passe genau auf , wie man ihn tötet !"

 Ich bewegte mich die nächsten Schritte gleichmäßig weiter und versuchte mich hinter dem ansehnlichem Baumriesen zu verbergen, behielt aber den Kopf weit genug vorn um alles genau verfolgen zu können.
Jong war mir langsam, jedoch rückwärts bis in die Nähe des Baumes nachgekommen.
. . . . . . "Dieses sei notwendig", so wies er mich später ein, "damit er vom Rücken her keinen Angriff erwarten brauche und das Tier somit nur von vorn oder seitlich angreifen könne !", und, da geschah es auch schon !

Wie ein Blitz kam das Tier angeschossen, Jong hatte diesen Sprung kommen sehen und ließ sich bei dessen Absprung wie eine Katze rückwärts fallen.

Ich war so erschrocken, dass ich, um ihm zu helfen, am liebsten hervorgesprungen wäre.

- - - - - - - - - - - - - - - -

Zum Glück hatte er schon Tage vorher mit mir über einen solchen Vorgang gesprochen und nicht vergessen, mir tief in das Bewusstsein ``einzuimpfen´´, mich auf keinen Fall zu rühren.
Er erklärte mir auch, dass der Leopard erst den Sieg über seine Beute auskosten wolle und aus diesem Grund verweile er so auf ihr liegend erst einige Momente.

Seine Tatzen lege er dabei dem Menschen über dessen Schultern damit seine Beute ihm nicht entwischen könne, aber man dürfe sich auch nicht in Panik bringen lassen, wenn er dabei mit seiner rauen Zunge einem gelegentlich über das Gesicht fahre, allerdings sei da größte Eile angesagt!

Bei dem Rückwärtsfall müsse man mindestens den Arm in dessen Hand sich der Stichel befinde zur Seite hinaus strecken!

Der linke Arm müsse die eigene Kehle schützen!

Wenn das Raubtier auf einem kurz verweile, solle man mit dem Arm, in dessen Hand sich der Stichel befindet den Tierkörper seitlich, Richtung Rückenwirbelsäule, dort wo sich der Übergang von Schulterblätter zum Hals befinde umarmen, mit der Stichelhand fest auf der Wirbelsäule aufliegend den Wirbelkamm suchend dabei schwanzwärts gleiten und wenn man am fünften, auch sechsten Zwischenraum angekommen ist, den Stichel mit aller zur Verfügung stehenden Kraft zwischen die Wirbel schieben, dann kurz nach links und rechts drehen.
Dabei zerstöre man den dort verlaufenden zentralen Hauptnerv, damit werde das Tier verenden.

In dem gleichen Ablauf wie mir vordem einmal erklärte, lief auch jetzt alles, aber in einer kaum nachvollziehbaren Schnelligkeit ab!

Der Rückfall von Jong und schon war der Leopard auf ihm. Ein Fauchen und das zu Berge stehende Rückenhaar konnte ich vernehmen und sehen !

Aber da kam schon Jongs Hand hoch und als ob er das Tier streicheln wolle, ließ er seine Hand von den Schultern in Richtung Schwanz gleiten. Dabei legte sich das gesträubte Haar des Räubers als ob er dabei ein Wohlgefühle verspüre.
Dann ein kurzes Verweilen der Hand, ein angespannter Teil des Unterarms wurde mit sichtbar, eine Druckbewegung, schnelle aber kleine Drehung der geballten Hand und der Körper des Leoparden erschlaffte.
Nur die Krallen der Pfoten schoben sich noch einige Male aus ihren Scheiden heraus um sich sofort wieder zurück zuziehen.
Danach durchlief das Tier ein Schauer und es war tot.

- - - - - - - - - - - - - - -

Auch auf meinem Rücken hatte sich bei diesem Anblick eine ``Gänsehaut´´ gebildet !

Nachdem ich Jong, bei seinen Bemühungen unter dem Tier hervor zu kommen geholfen hatte und die Verschnaufpause abgelaufen war, stellte ich an ihn die Bitte, er möchte mir die Stelle seines Einstichs zeigen.
Er erfüllte mir diesen Wunsch, faste aber erst einmal mich beim Nacken, dort wo wir alle einen etwas vorstehenden Wirbel fühlen.
Dann zählte er, in dem er sich langsam auf der Wirbelsäule hinunter fühlte, eins, zwei, drei, vier, dann ein leichter Fingerdruck, - - hier ! Wenn du diesen Wirbelabstand verfehlst, spätestens zwischen dem Nächsten muss der Stichel eindringen !
Mit viel Gefühl und Kraft muss es geschehen !

Ich tastete das nochmals nach dieser Reihenfolge an seinem Körper und ebenfalls an dem schlaffen Körper des Tieres ab und dann kam sein Befehl : "Los das Tier mit mir seitwärts hoch rollen, jetzt lege dich darunter !"

Das war ein abscheuliches Gefühl, aber sein harter Ton ging schon weiter :
"Linken Arm auf die Kehle, die rechte Hand her, nimm das Holz, so den rechten Arm hoch, die Hand auf den Schulterkamm legen, Hand nach links drehen, Daumen links, Zeigefinger rechts der Wirbelsäule entlang gleiten lassen und nun laut zählen, zwei, drei, vier Holz fest zusammendrücken und nach dem vierten Wirbel mit aller Kraft, feste !, feste eindrücken ! Seitlich, links, rechts bewegen ! Ja, so ist es richtig !"

Kaum war ich unter dem Tier hervor gerutscht, kam schon meine Frage :
"Jong, vorhin hast du mir gesagt, bei Wirbel ``Eins´´ beginnen, jetzt sollte ich zuerst ``Zwei´´ zählen !"
 Er lächelte ein wenig hinterhältig und meinte dazu :
"Hast du unter einem Menschen oder einem Tier gelegen ?
Na, pass auf , so schwer ist das nicht zu verstehen, bei dem Leoparden kannst du ja erst ab dem Schulterkamm zählen, und da befindet sich eben schon der zweite, dritte Brustwirbel.   Alles klar ?"
Diese Übungsstunde war eine der wichtigsten meines Lebens !

- - - - - - - - - - - - - - - -

Kaum einen Tag später hatte wir das gleiche Problem.

Heute ging Jong voraus und er hatte mich mit einem dieser beiden ``Hölzchen´´ ausgerüstet.
Er suchte mich zu beruhigen indem er sagte: "Solltest du einmal in Verlegenheit kommen, mit einem Leoparden nicht fertig zu werden, ehe er dir an die Kehle geht steche ich ihn ab !"

- - - - - - - - - - - - - - - -

Gegend Abend, wir hatten wieder einige Wurzeln gefunden, pirschten wir uns auf einem Wildpfad, da dort das Vorwärtskommen leichter war, voran.

Plötzlich hörten wir hinter uns ein miauendes Fauchen.

Jong meinte so nebenbei : "Siehst du, jetzt hast du deinen Braten !"
Mir schlug, bei diesem Gedanken das Herz bis in den Hals.

Dann kamen die weiteren Worte von ihm :
" Schön ruhig bleiben, denn bis zu dem Baum da hinten müssen wir noch kommen ! Du erinnert dich doch, das Tier darf immer nur einen Mann sehen !
Also kurz vor dem Baum, Abstand eine gute Manneslänge, damit du dir beim Rückwärtsfall nicht den Kopf einschlägst drehst du dich , Holz in der rechten Hand ! - Hast du es ?"
"Ja, ich habe es schon die ganze Zeit dort !" War meine Antwort.

"Jetzt los, dreh dich um, ich gehe weiter hinter den Baum, keine Angst, er ist ein alter ``Großvater´´ mit kaputten Zähnen !"

Den Rückwärtsfall und das Auslösen des Stichels musste ich jeden Tag, den wir gemeinsam unterwegs waren, unter Jongs Aufsicht mehrere Mal üben.
So ausgerüstet, stellte ich mich dem Leoparden gegenüber auf.

Der hatte wohl auch keine Lust, seiner vermeintlichen Beute gegenüber viel Zeit zu verlieren und schon kauerte er sich und kam in halber Höhe herangeflogen.
Da diese Tiere kleiner sind springen sie nicht so hoch und man kann sie nicht unterlaufen, also ließ ich mich rückwärts fallen.
Das Tier war sehr schwer und im ersten Augenblick wollte ich nicht glauben, dass es nur aus Hunger tötet.

Mein linker Arm lag vorschriftsmäßig und wütend fauchte mir mein gefleckter Gegner feuchtem Atems ins Gesicht, aus seinen Lefzen tropfte Speichel !

Ich hatte mich bemüht, so schnell als möglich dem Tier auf den Schulterkamm zu fassen und da löste er seine bis dahin angespannten Tatzen auf meinen Schultern als ob ihm meine Handbewegung angenehm erscheine.

Schnell hatte ich die Wirbel im angespannten Gehhirn mitgezählt, das Holz in Position gebracht, doch dann kam das Unwahrscheinliche, er rollte sich nach der gesetzten Seite meines Armes weg, stand auf, sah sich nicht einmal nach mir um und verschwand im Gebüsch.

Jong schaute verwundert, und meinte nur :
"Der muss gemerkt haben, dass er es mit einem Neuling zu tun hat ! - - - - - - Nein, er wollte überhaupt nicht töten, er war satt und für ihn war es dieses Mal nur ein Spiel ! Und für dich eine neue Übungsstunde !"

Danach klopfte er mir damals auf die Schulter und meinte :
"Du lernst gut, weiter so, du hast den Test für größere Sachen bestanden !"

Ich hoffte aber trotzdem nicht noch einmal in so eine Situation zu gelangen und womöglich auch noch einem Tiger gegenüber stehen zu müssen.

Mit diesem Gedanken schaute ich nun nicht nur auf den Waldboden um Wurzelmenschen zu finden, sonder immer öfter nach oben, um eine günstige Konstellation von zwei, drei Bäumen zu finden, wo ein richtiges ``Affennest´´ für zwei ganz schön strapazierte Männer , für eine mehrtägige Ruhepause zu errichten sei.

Der Wunsch fördert oft das Gelingen einer Sache und so fanden wir zwei Tage später gegen Mittag, nach erfolgloser Wurzelsuche so eine Dreiergruppe mit zum Teil verschlungenen Ästen..
In vier Meter Höhe war es uns möglich, herbeigeholte Äste und Zweige so zu verbinden, dass wir ausgestreckt liegen konnten.

Zum Glück hatten wir die nächsten Tage keinen Wind, sodass wir die um uns herrschend Ruhe ausgiebig genießen konnten.

In dieser Zeit beschlossen wir auch, gleich anschließend den Heimweg über Känpur, wo wir unseren Ginseng verkaufen könnte, anzutreten.

- - - - - - - - - - - - - - -

Dieser Weg führte uns, wie mich schon einmal durch feuchten Urwald. Dank Jong seiner Ortskenntnisse, benötigten wir aber keinen allzu großen Zeitraum um diesen zu durchqueren.

Zwischenzeitlich konnten wir auch in einem trockenem und steinigerem Gebiet nochmals nach diesen Wurzeln suchen und hatten dadurch das Glück, unsere Säcke, zu Ungunsten unserer aber jetzt schon recht abgetragenen Kleidungsstücke, weiter aufzufüllen.

Als wir in Lucknow, etwa vier Tagesmärsche von Känpur entfernt ankamen, zerrte mich eine unerklärliche ``Ahnung´´ wie ein Magnet zum dortigen Bahnhof hin !

Jong meinte zwar, es wäre vergebliche Zeit da hin zu gehen, aber er erfüllte mir dennoch den Wunsch dort zu nächtigen.

Sicher lag es daran, dass ich nach so langer Wanderung Sehnsucht nach meinen Ersatzvätern, dem Heizer und Lokführer bekam und ich mich erkundigen wollte, ob und wann die Lokomotive Nr. 13263 hier vorbeikomme.

Am nächsten Morgen in der `Früh´, kurz vor dem Sonnenaufgang dampfte dann auch ein Güterzug heran, welcher auf dem Bahnhof wegen dringender Wasseraufnahme halten musste.

Schnell war ich von meinem Ruhelager hoch, um mich nach dessen Besatzung umzusehen und ich traute erst meinen Augen nicht, als ich den Heizer als einen der von mir gesuchten Männer erkannte !

Dieser stutzte als ich ihn ansprach, denn er konnte mich nicht gleich in seiner Sinneswelt einordnen.

Als der Lokführer aber von seinem hohen Standort herunter sah und rief : "He, du Bengel, was machst du hier ?", da war die Freude bei uns riesengroß !

Ich kroch schnell auf die Lok und umarmte ihn, der Heizer umfasste auch meine Schultern und meinte mit Kopfnicken :
   "Hallo, du bist ja ein richtiger Mann geworden !"
Ich erklärte ihnen was ich in der vergangenen Zeit getrieben hätte und dass Jong und ich unsere Wurzeln in der nächsten Stadt , in Känpur verkaufen wollten.

"Nein, meinten die Beiden, wir fahren jetzt nach Delhi, da kommt ihr mit, denn dort bekommt ihr dreimal so viel Rupie wie in Känpur.
Wir werden dort drei Tage mit unserem Zug stehen, dann geht es zurück, über Patna, - - - Shiliguri bis nach Murkong Selek im äußerstem Osten unseres Landes.

Jong meinte dazu, dass sei eine gut Strecke, da könne man dann zwischen dem Fluss Jamuna und dem Gebirge nochmals suchen gehen, denn vor ungefähr zwanzig Jahren sei er schon einmal dort gewesen, habe aber, da er viele Grausamkeiten erleben musste und er allein war sich aus dieser Gegend zurückgezogen.

- - - - - - - - - - - - - - - -

Keine zwanzig Minuten später dampfte der Zug mit uns in Richtung Westküste Indiens dahin.

Nach drei vollen Tagen kamen wir in Delhi an und besuchten inmitten der Stadt einen Markt.

Die Ginsengwurzeln waren ,wie wir erfahren konnten in den letzten Jahre knapp im Angebot, der Preis dem entsprechend hoch.
Trotzdem mussten wir lange feilschen, bis uns ein günstiger Preis, welcher dem eingegangenem Risiko einigermaßen nahe kam angeboten wurde.
Aber im Verhältnis zu den von uns dabei erduldeten Strapazen, schien er mir dennoch nicht gerecht.
So kam mir unmittelbar vor dem Abschluss des Geschäfts die Idee, die

Wurzeln nach Größe und Gewicht, besonders aber nach dem Anteil an dünnen Wurzeln zu sortieren und danach getrennt zu verschiedenen Preisen anzubieten.

Jong wollte anfangs überhaupt nicht davon wissen, da er seine Wurzeln immer wie aufgefunden verkaufte.

Nachdem ich ihm aber an den Ständen der Händler zeigen konnte, dass diese die Wurzeln auch nach verschiedenen Preisen anboten, war er schließlich mit meinem Vorschlag einverstanden.

So zog ich mich mit ihm in eine Seitenstrasse zurück und sortierte dort fleißig unser beider Ware.

Als wir dann zu zwei Händler kamen und ihnen die geringeren Wurzeln anboten, waren sie schon bereit, uns einen höheren Preis als den der Durchschnittsware zu zahlen. Aber wir verkauften nicht.

Am Abend, kurz vor dem Markttagende, setzten wir uns in die Nähe eines Händlers, der bereits seine Handelsgegenstände verpackte, als ob wir trotzdem noch Handel treiben wollten.

Da standen doch mit einemmal, ganz unerwartet drei Männer um uns herum, die alle nach unserem Ginseng greifen wollten!

Zuerst dachten wir, sie wollten uns ausrauben, aber nein, jeder von ihnen wollte alles haben!

Da war es für uns eine schwierige Sache, den richtigen Preis zu ermitteln. Jeder nannte lautstark sein Angebot, und dass ging vollständig durcheinander

Der eine meinte, die dünnen Wurzeln seien wertvoller als die starken, da sie jünger wären!

Wir hielten dagegen : "Diese unsere Ware sei ausgereifter und hätte dadurch mehr Kraft!"

"Nein, meinten wieder die zwei Anderen, die stärkeren hätten mehr nutzlosen Holz in sich !"

So ging es ``hin und her´´, bis es bereits dunkelte.

Ich muss wohl zu Jong gesagt haben, dass es mir nun reiche und wir sollten unsere Waldmenschen nehmen und von hier verschwinden !

Da kam aber einer dieser Männer auf mich zu und hielt die Beutel in meiner Hand fest und nannte mir ein Angebot, welches den dreifachen Preis einer Durchschnittsware erbringen solle.

Wir hoben jeder die noch freie Hand, klatschten mit den Handflächen gegeneinander und der Handel war abgemacht !
Die Wurzel schütteten wir auf den Boden und erhielten unsere Rupien.

- - - - - - - - - - - - - - - -

Was wir dann erlebten mussten, war die menschliche Habgier in reinster Form !

Diese Männer wollten mit einemmal alle der Besitzer dieser Wurzeln sein ! Jeder von ihnen versuchte, so viel als möglich in sein mitgebrachtes Behältnis hineinzuraffen !

Ob einer den anderen dabei, vielleicht aus Versehen gestoßen hatte war nicht zu erkennen gewesen, jedenfalls hatte sich innerhalb weniger Sekunden eine wüste Schlägerei entfacht.

Bei dieser Rangelei verschwanden wir unbemerkt schnell um die Ecke in eine Seitengasse, um nicht zusätzlich auch noch ausgeraubt zu werden.

So war es uns möglich, unbehelligt zum Bahnhof zurückzukehren, wo wir zufrieden und erleichtert, die nun leeren Tragesäcke als Kopfunterlage nutzend, eine ruhige Nacht verbringen konnten.

Froh und von unserem Erfolg begeistert zogen wir am neuem Tag nochmals zum Markt, um einige Kleidungsstücke zu erwerben.
Wir hatten uns, trotz das Geld im Ledersäckchen `klingelte´ vorgenommen, nur das Allernötigste mitzunehmen.

Den Tag nutzten wir auch, um uns in dieser großen Stadt umzusehen, damit wir in unserem Leben auch noch andere Eindrücke, als nur Bäume, Sumpf, Steine und Raubtiere für immer in unserem Gedächtnis aufbewahren könnten.

Am dritten Tag hatten wir uns dann bereits frühmorgens im Dämmerlicht am bereit stehenden Güterzug eingefunden.

Die Lokomotive stand schon unter Dampf und ich war hell begeistert, wieder meinen Platz als Hilfsheizer einnehmen zu dürfen.
Jong erhielt auf dem ersten Waggon, welcher mit einem Verschlag im vorderem Bereich für den Bremser ausgerüstet war seinen Platz und eine Aufgabe mit dem Ziel, auf ein Signal des Lockführers hin, beim Abbremsen des Zuges behilflich zu sein.

Dieser Vorschlag ermöglichte es uns zusätzlich mitfahrenden Personen, wenn auf irgend einem Bahnhof die Nachtruhe angesagt war, vor unangenehmen Störungen besser als unter dem freien Himmel geschützt zu schlafen.
Nach vielen Tagen der Fahrt mit einigen Stopps zu einer Ab - und Umladung von Transportgütern erreichten wir kurz vor dem Ende der Bahnlinie eine kleine Stadt, namens Cohpur.

Diese lag inmitten einer schon an zwei Tagen durchfahrenen, mit üppigen Urwaldbäumen bewachsenen Ebene, welche sich zwischen dem riesigen Fluss Brahmaputra und den steilen Höhenzügen des Himalaja erstreckte.

Hier verabschiedeten wir uns von den beiden Eisenbahnern mit dem Wunsch, ihnen hier vielleicht in einem halben Jahr oder einer längeren Zeit wieder zu begegnen.

Das konnten wir auch erhoffen, da ihnen nur zwei durch- gehende Querverbindungen ``Ost - West´´ zur Verfügung standen.

Jong, welcher wie schon angeführt, vor Zeiten hier gewesen war erklärte mir, dass wir entlang des ``Fußes ´´ des Gebirges nach den Wurzeln suchen müssten.

Da wir wegen der fortgeschrittenen Tageszeit nichts viel weiteres unternehmen konnten, entschlossen wir uns den dortigen Markt aufzusuchen um etwas Trink- und Essbares für den Abend zu besorgen.

Dort angekommen verweilten wir kurz an einem Verkaufsstand der nur aus einer Platte auf sehr großen Rädern bestand.
Mit einmal sprang Jong mit ausgebreiteten Armen auf den Händler zu und umarmte ihn mit den freudig ausgerufenen Worten : "Jeng ! Das gibt es nicht, Dich hier wieder zu finden !"

Den Abend und die Nacht verbrachten wir, nachdem die Dunkelheit uns eingeholt hatte bei Tee und vielen Geschichten in Sicherheit und ohne Sorgen gemeinsam in seiner Hütte.

Was Jong in den nächsten Tagen sehr beunruhigte war, dass, wie er von Jeng erfahren hatte, nach Erzählungen Anderer, sich in der Gegend ein Tiger befinde, welcher in der Lage sei, nur auf seinen Hintertatzen sich halb aufrecht, über wenige Schritte vorwärts zu bewegen.

So hätten manche Sammler vor Schrecken ihr kostbares Sammelgut fallen gelassen uns seien ausgerissen.
Dieser Tiger wäre ihnen dann hinterher gesprungen ohne sie zu erreichen.
Aber sehr vielen Anderen, die man tot aufgefunden habe sei es sicher schlimmer ergangen !
Zerrissen und zerbissen hätte man sie nicht aufgefunden, jedoch mit zerkratztem Hals und innerlich verblutet !
Auch wären ihre Sammelsäcke und Grabhaken spurlos verschwunden gewesen !

Mit diesen schrecklichen Gedanken im Kopf wanderten wir dem Gebirge entgegen, um unseren weiteren Weg um die Mittagszeit dann in östliche Richtung zu wenden.
Dieser führte uns dann aber vollkommen unvorhergesehen durch das dichteste Unterholz dieses Waldes.

Hier war ein Vorwärtskommen schwieriger und Jong hatte beschlossen, sich der Nachtruhe nur noch auf Bäumen, deren Astgabeln sich mindestens in einer Höhe von fünf Manneslängen befinden, hinzugeben.

Wie sich in den nächsten Tagen herausstellen sollte sich dieses als eine kluge Entscheidung herausstellen !

In dieser Gegend schien es mehr Tiger zu geben als dort, wo wir bisher Wurzeln gesucht hatten, denn mehrere Nächte hindurch störte uns das wütende Mautzen von diesen Großkatzen und mahnte uns, auch am Tage größere Vorsicht als bisher walten zu lassen.

Eines Tages rief mich dann Jong zu sich und meinte zu mir:
      "Hier sieh dir das an !"

Den ersten Toten meines Lebens, bereits vollkommen unkenntlich, sah ich da !
Seine Kleidung umhüllte ihn aber noch und seine Fußbekleidung war auch noch vorhanden.
Wir suchten in der Nähe nach seinem Werkzeug und Sammelsack, aber vergeblich.
An was und wodurch er zu tote gekommen war, konnte Jong auch nicht mehr feststellen.
So gingen wir dann weiter und kümmerten uns nicht mehr um ihn.

- - - - - - - - - - - - - - -

Einige Wurzeln konnten wir an diesem Tag noch finden, am nächsten Tag nicht eine einzige.

Aus diesem Grund kam Jong auch zu der Auffassung :
"Wir müssen noch näher an das Gebirge heran !"

So erreichten wir dann wieder Schluchten, die wie aus den Bergen herausgeschlagen anmuteten.

Dort waren die gesuchten Gewächse reichhaltiger zu finden und so konnten sich innerhalb einiger Tage unsere Tragsäcke beständig füllen.

Als wir in ein Schlucht etwas tiefer eindrangen fanden wir den zweiten Toten.

Jong fluchte leise mit den Worten : "Achtung Junge ! Der hier ist hochstens zwei Tage tot ! Sie dir seinen Hals an ! Zerkratzt, die Schlagader aufgerissen ! - - - - - - -
Nein ! Sieh hierher, das ist ein Messerschnitt !"

Ich fragte erschüttert zurück : "Und warum dann die Kratzspuren am Hals wie von zwei Tigertatzen ?"

"Ich meine !", kam es zurück, "hier mordet ein Mensch aus Habgier, wer es ist, werden wir bald erfahren, denn bis dahin wird es nicht mehr weit sein !

Das zerkratzte Gesicht soll die Finder dieser Toten nur auf eine falsche Fährte locken und von dem wirklichem Täter ablenken !"

Sein Werkzeug war nicht zu finden, nur eine Hose, ein Tuch und eine Jacke fanden wir etwas weiter weg im Gebüsch liegen.
- - - - - - - - - - - - - - - -

Jong hatte mich anschließend dazu angehalten, ständig das Buschmesser so am Gürtel zu tragen, dass ich es jederzeit unverzüglich erfassen könne.

Ich konnte meine Gedanken nicht zügeln und sagte zu Jong:
"Das sehe hier wie Totschlag aus !"

Er meinte jedoch : "Nur Totschlag ? - - - - -

Der richtige Begriff dafür ist meiner Meinung nach :
``Vorsätzlicher Raubmord´´!

Ich habe die schlechte Ahnung, dass wir noch mehr solche widerlichen Dinge zu sehen bekommen !"

So sollte es auch kommen, denn in den nächsten Tagen begegneten wir noch Überresten von fünf weiteren Menschen.

Nicht ein einziges Mal fanden wir Sammelsäcke oder Grabstöcke.

- - - - - - - - - - - - - - - -

Nach einer Reihe von Tagen, meinte Jong mit einemmal : "Ich fühle mich so, als ob mich Jemand beobachtet.

Bei dieser Feststellung blieb mir fast das Herz stehen und mehr Schweiß als in dieser grünen Hölle des Urwaldes üblich, floss mir den ganzen Körper hinunter.

Da unsere Behältnisse schon gut gefüllt waren, ließ ich meinen Gedanken wieder einmal freien Lauf :
 " Jong, wir haben Glück gehabt, unsere Säcke sind gut gefüllt und ich
  denke, wir sollten des Heimweg antreten !"
Er darauf :
"Nun gut, dich jagt die Angst mein Sohn. - - - - - Wir sind zu Zweit und
  nicht allein und das ist ein Unterschied !"

Wieder zweifelte ich : "Wenn der Mörder nun aber auch nicht allein ist ?"

Beruhige dich Edi, sagte er damals zu mir :
  "Ein Mörder teilt nicht gern, - - - - er ist allein !"

So verging der nächste Tag und unsere Bemühungen, die Früchte der Erde weiter zu suchen lohnten sich zusehends.

- - - - - - - - - - - - - - - -

Wieder schickten wir uns dazu an, wie schon gewöhnt, die Nachte wie Affen, wenn auch nicht so hoch, auf einem Baum der dieses mal in einer uns angenehmen Höhe wie ein Busch gewachsen war, zu verbringen.

Ehe wir uns der wohlverdienten Nachtruhe hingaben, entschieden wir uns aber endlich dafür, am nächsten Morgen den Heimweg anzutreten.

- - - - - - - - - - - - - - - -

So gegen Mitternacht kratzte es verdächtig am Stamm unseres Baumes. Jedoch im Vergleich zu den Geräuschen damals bei meinem Alleingang durch den Sumpfdschungel, hörte es sich jetzt ganz anders an.

Jong bedeutete mir mit der Hand : "Ich solle ganz ruhig bleiben und so tun, als ob ich im Schlaf tief Atem hole !"

Dann klopfte es mit einemmal mit einem Gegenstand an den Baum !

    Jongs Hand drückte mich, so als Geste wie, :
        "Bleib liegen, bewege dich nicht !", nieder.
Dann klopfte es nochmals, aber stärker. Da wir uns nicht bewegten, schien das da unten befindliche Wesen erkannt zu haben, dass es ihm keinen Erfolg bringen werde und so konnten wir bald darauf bemerken, dass es sich wieder davon schlich.

Am nächsten Morgen untersuchte Jong den Stamm und dessen nähere Umgebung und fand heraus, dass wir es mit Sicherheit mit einem Menschen zu tun hatten, welcher mit Schuhen, an denen Tigertatzen befestigt sein mussten, herumläuft.

Er sagte mir, mit aller Härte im Gesichtsausdruck :
" Wir haben den Mörder vor uns und da unsere Wurzelsäcke jetzt gefüllt sind, wird er versuchen, uns heute umzubringen !"

- - - - - - - - - - - - - - - -

Nachdem wir uns gestärkt hatten, versuchten wir uns einen Weg in südlicher Richtung durch den Dschungel zu bahnen.

Plötzlich, völlig unerwartet, sahen wir fast gleichzeitig einen Tigerkopf durch das dichte Unterholz zu uns herüber blicken !

Jong kommandierte regelrecht :
        "Ruhig bleiben, Messer in die rechte Hand,
        Säcke abstellen ! - - - Komm her zu mir !

Pass´ auf, ich gehe jetzt bis an den Baum gleich hier vorn, du stellst dich dahinter.
Es wird einen Zweikampf geben ! - - - Sollte er mich auf den Boden zwingen, dann stich ihm zwischen den Schultern in den Rücken. - - -
    Tief stechen ! !"

Als Jong am Baum stand, brüllte ihn der ihm gegenüber stehend Tiger an. Jong ließ sich dadurch nicht im Geringsten beeinflussen, er griente fast unmerklich, hatte er doch an den Tönen erkannt, dass es eine Imitation war.

Nochmals und erneut nochmals erklang jetzt das fast originalgetreue fauchen dieses ``Tigers´´.
    Aber auch das konnte Jong nicht erschüttern !

Da erhob sich plötzlich dieses Individuum und begann auf seinen Hinterbeinen zu laufen und bewegte seine Vordergliedmaßen wie wütend vor sich hin und her, als ob es seinen Gegenüber umarmen wolle !

Mir war es damals klar, dass sich darunter ein Mensch befinden musste.

Seine Gebärden wurden immer wilder und die abgegebenen Töne waren aber, denen eines gereizten Tigers unverwechselbar ähnlich !
Dabei kam er jetzt die letzten fünf, sechs Manneslängen gesprungen, aber nicht auf allen vier Gliedmaßen !

Jong, rief leise : "Pass jetzt ganz genau auf, unter dem Fell steckt ein Mensch !"

Nun ging es ganz schnell !

Bei den letzten grauenhaften, ja gurgelten Schreien sprang diese Tierattrappe auf Jong zu, konnte ihn aber nicht mehr erreichen, da sich von der Seite her ein großer Bengalischer Tiger in einem riesigen Satz auf den vermeintlichen, in seinem Jagdgebiet eingedrungenen Fremdling stürzte.

Jong sprang im gleichen Augenblick zu mir hinter den Baum und wir mussten gemeinsam mit ansehen, wie er den verkannten Rivalen im Nacken packte, ihn nach links und rechts herumschleuderte, um ihn dann fallen zu lassen.

Er stellte sich dann neben ihn, roch an dem dahin fliesendem Blut, schüttelte sich, spritzte seine Duftmarke auf ihn und verließ den Kampfplatz ohne sich nochmals umzusehen.

Wie untersuchten nun die auf dem Boden liegende Gestalt und mussten um an das Innere heranzukommen, das Tigerfell bauchseitig vom Hals bis zu den Hinterbeinen aufschneiden.
Dabei klärte sich das Rätsel, wie dieser Mensch überhaupt in diese Haut hinein kommen konnte bald auf.

Oberhalb des Beckenansatzes fanden wir ein gut großes Loch, was den Hineinschlupf ermöglichte.
Das Kopffell war geschickt präpariert sodass ein Menschenkopf hinein passte.

Die Arme waren durch das Vorderbeinfell gut verdeckt, die Tatzen lagen über den Handoberflächen und man konnte die Imitation nicht erkennen.

Nachdem das Fell beseitigt war, kam ein zirka vierzigjähriger Mann zum Vorschein, der kein indischer Mensch zu sein schien.

Seine Hände steckten in einer Art Handschuh, die vorn als Fingernägel scharfe Eisenkrallen hatten.
Mit diesen konnte er ohne Schwierigkeiten die Haut und das Fleisch eines Menschen aufreißen.

Wir beschlossen, als Quittung seiner vielen von ihm getöteten wehrlosen Opfer, seinen Körper ebenso der freien Natur zu überlassen.

So nahmen wir wieder unsere Tragsäcke und Werkzeuge auf und entfernten uns weiter in südlicher Richtung.

- - - - - - - - - - - - - - - -

Der Abend kam bald, wie wir meinten viel zu früh, denn immer noch hielten wir es für angebracht wie Baumbewohner zu leben, aber dafür geeignete Bäume konnten wir einfach nicht finden.

Der Not gehorchend erkletterten wir dann doch einen, welcher jeden von uns wenigstens eine Astgabel anbieten konnte.

Die Beine, welche in diesen erzwungenen Stellungen keine Ruhe finden konnten, brachten uns bei Beginn des morgenlichem Ergrauens sehr schnell wieder auf den Boden dieser urigen Natur zurück.

Dennoch hatte ich mir im nächtlichen halbwachem Zustand vorgestellt, in drei Tagen diese Waldgürtel durchquert zu haben.

- - - - - - - - - - - - - - - -

Als es dann hell geworden war und wir uns richtig umsehen konnten, wollten wir dem uns gebotenem Anblick kaum Glauben schenken !

In hoch gelegenen Astgabeln von starken Bäumen waren solche Tragsäcke wie wir sie benutzten regelrecht gestapelt.

Jetzt ging uns vollends ``ein Licht´´ auf !

Der Mörder hatte hier ein regelrechtes Vorratslager mit den erbeuteten Wurzeln seiner Opfer angelegt !

Wenn das so sei, folgerten wir, dann müsse sich seine Behausung auch hier irgendwo in der Nähe finden lassen.

So gedacht, drehten wir um dieses Lagerzentrum im Wald immer größer werdende Runden, bis wir dabei einen schmalen Pfad kreuzten und diesen verfolgend, nach kurzer Zeit vor einer aus Baumstämmchen zusammengefügten Hütte standen.

Der Eingang war durch mehrere zusammengebundene Hölzer verstellt und nach deren Beseitigung standen wir in einem kleinem Raum von zwei mal drei Manneslängen.

Hier standen die Trinktöpfchen seiner Opfer wie zum Hohn für diese, fein säuberlich geordnet auf einem aus Baumzweigen geflochtenem Regal.

In einer hinteren Ecke hoch gestapelt, die Sachen der Getöteten.

Das Dach war mit Tigerfellen gegen Regen geschützt. Da es keinen ``Hausherren´´ mehr gab, nutzten wir nun diese Hütte als unsere Herberge.

Von hier aus sammelten wir noch längere Zeit unbehelligt, bis kurz vor Eintritt des Monsuns unsere Wurzelmenschen.

- - - - - - - - - - - - - - - -

Inzwischen hatten wir auch die günstigste Strecke, welche uns aus dem Labyrinth des Urwaldes herausführen sollte entdeckt.

Zu unserem großem Erstaunen befanden wir uns nur in einer Entfernung von zwei Tagesmärsche bis nach Murkong Selekt.
Dieser große Ort war die letzte Bahnstation für die Nord - Ost Trasse der indischen Bahn und auch das damalige Endziel unseres Zuges.
Nach dieser Entdeckung holten wir die ganzen gefundenen Vorräte, es waren vierzehn Tragsäcke unter erheblichen Anstrengungen von den Bäumen herunter.

Nach ihrer Umverteilung standen acht prall gefüllte Tragsäcke vor uns !
Jetzt standen wir vor der Frage, wie diese am besten transportieren ?

Zurücklassen wollten wir keinen, da die Möglichkeit bestand, dass der Mörder Leute an ``der Hand´´ hatte, die in gewissen Abständen, aber mit hoher Wahrscheinlichkeit noch vor dem Beginn des Monsuns seine Vorräte abholen würden.
Dabei waren unsere Gedanken immer von der Frage berührt, tötet er nur zu seinem eigenem Vorteil oder im Auftrag von uns zur Zeit noch fremden Mächten ?

Also stellten wir aus dünnen elastischen Bäumchen eine Trage her, auf welcher wir die Säcke gut unterbringen konnten.

So begannen wir die Last, die anfangs für Männer gut zu tragen war, ihrer Bestimmung entgegenzuführen.
Einige Stunden ging das auch ganz gut, aber dann drückte es immer erbärmlicher auf den Schultern, sodass eine andere Transportvariante erforderlich war.

Das Ganze hinter uns herzuschleifen war aber auch keine Lösung und so entschieden wir uns dann dazu, die Säcke an einem Tragbäumchen aufzughängen.

Aber auch das wollte beim Laufen nicht so richtig klappen ! Zwar konnten wir die Last immer mal von einer Schulter zur anderen hin verlagern, aber erst als wir mitbekommen hatten, dass wir gleichen Schrittes laufen müssten, war es dann erträglicher.

Dampfend im ``Schweiße unseres Angesichts´´, brachten wir es dann doch innerhalb vier Tagen fertig, die ersehnte Siedlung zu erreichen.
Mit unserer absonderlichen Bürde erregten wir bei unserem Erscheinen dort erhebliches Aufsehen und trauten uns nicht im offenem Gelände zu nächtigen !
Waren wir doch auch durch die misstrauischen Blicke dieser Menschen gewarnt, welche durchaus Verdächtigungen nach sich ziehen konnten.

So schleppten wir uns mit den letzten für diese Tage zur Verfügung stehenden Kräften bis zum Bahnhofsgebäude, in dessen Lagerschuppen wir uns sicherer zu fühlen wähnten.
Die Nacht war wegen der Schätze welche wir zu bewachen hatten für uns recht unruhig und an Schlaf konnten wir, auch aus Gründen der tagelangen Überanstrengungen, so gut wie nicht denken.

Am nächsten Tag gegen Mittag, als wir etwas ausgeruht waren, sahen wir uns abwechselnd draußen auf dem um- liegenden Gelände etwas um.
Hier standen viele, meist mit Holz beladene Waggons, auch abgestellte Lokomotiven an welchen schon der Rost nagte, umher.

Als ich also ganz allein, Jong bewachte derzeit unser Sammelgut in der Lagerhalle, aus Neugier von einer Lok zur anderen kletterte, stutzte ich bei dem Entschlüsseln der zum Teil schon recht unleserlich gewordenen Nummern plötzlich, denn irgendwie kam mir eine Zahlenzusammenstellung bekannt vor!

Der Versuch, mich an die Zahlen ``meiner Lok´´ zu erinnern gelang mir, und wie im Traum standen mit einemmal die Zahlen 13263 vor mir.

Ich musste mir die Augen reiben, denn ich meinte nicht mehr richtig sehen zu können !
Diese Zahlen standen doch an dieser Lock welche ich eben bestiegen hatte!
Aber ihr Dampfkessel war nicht mehr vohanden und ihre Maschine war somit auch dem Verfall preisgegeben !
Eine unendliche Traurigkeit begann mich zu überfallen, war sie doch jahrelang mein einziges Zuhause gewesen

Mit einemmal stutzte ich, aber warum sah den alles Andere so gepflegt und geputzt aus ? Teilweise sogar wie neu ausgewechselt ?

Ich kroch zum Führerstand hoch und sah jetzt am Hebel, mit dem die Dampfzufuhr geregelt wird einen Zettel mit folgendem Vermerk hängen : "Einbau des Kessels, Anfang Oktober".

Innerlich stellte ich damals fest : "Ein Glück, dass ich einwenig lesen gelernt habe !"
Nun wusste ich aber in diesem Moment nicht, in welchem Monat wir uns befanden !

Aber immerhin, ein Glücksschauer durchrieselte mich bei dem Gedanken, dass die Lock wieder in Betrieb gesetzt wird.

Auch Jong konnte sich nicht genau erinnern, in welchem Monat wir gerade leben.
Da es wie eine ``Vorbestimmung´´ anmutete, brauchten wir dieses Wissen im Moment auch überhaupt nicht.
Eins war allerdings für uns klar, dass der Monsun nicht mehr lange auf sich warten lasse.

- - - - - - - - - - - - - - -

Als wir nach wenigen Tagen nachts im Lagerhaus auf, und zwischen unseren Wurzeln ruhten, wachten wir durch einen immer stärker werdenden Lärm auf.

Durch die Lagerluke nach draußen sehend, konnte ich eine Lock erkennen welche Waggons rangierte. So ging es weiter bis der Morgen graute.

Auch im Dschungel konnte nicht durchgeschlafen werden, da gab es immer Geräusche. Aber das hier war ein ganz anderer, nervenzerreißender Lärm !

- - - - - - - - - - - - - - - -

Am Morgen, als wir uns die ganze Sache nochmals etwas genauer ansehen konnten, da sahen wir doch zu unserem Erstaunen, ``meinen´´ Lockführer und Heizer auf dem neuem Kessel, welcher sich schon wieder auf der Lok befand, geschäftig herumturnen !

Nach wenigen Minuten konnten wir sie begrüßen und die gemeinsame Freude, welche uns überrascht hatte, wollte dabei kein Ende nehmen.

- - - - - - - - - - - - - - - -

Nach weiteren acht Tagen harter Arbeit war die Lokomotive wieder voll ausgerüstet und der neue Kessel erhielt seine fünftägige Anheizfrist.
Den darauf folgenden Tag stellte die Lockbesatzung die einzelnen Waggons zu einem Zug zusammen und gegen Abend, setzte sich dann die neu überholte Lok mit ihren vierundzwanzig Wagen, erst langsam aber etwas später mit der gewohnten Geschwindigkeit Richtung Westen in Bewegung.

Jong hatte mit unserer Wurzelware wieder das Bremserhäuschen beziehen können und ich durfte wieder als Hilfsheizer, den Kessel mit unter Dampf halten.

- - - - - - - - - - - - - - - -

Das Fernziel des Zuges war dieses Mal Bobay ganz weit im Westen von

Indien.

Ich hatte dabei großes Glück, dass dabei die Fahrt wegen Waggonwechsel über Nägpur, meine Heimatstadt, führen musste.
Sie hätte auch direkt nach Bombay über Jabalbur, eine kürzere Strecke nehmen können.

Dabei kam mir ein wunderbarer Gedanke :
"Wenn da der Zug dort für mindestes zwei bis drei Tage halten müsste, dann könnte ich meine Mutter aufsuchen und sie bitten, um meinen Vater zu suchen mit mir nach England zu kommen !"

Jong wollte schon unterwegs in Patna aussteigen, um seinen Anteil an den Wurzeln bereits dort zu verkaufen, um danach wieder in sein Dorf, wo sich der Urwald und das Gebirge ``die Hand reichen´´ zurückzukehren.

Er erklärte mir auch seine Entscheidung damit, dass er seine Heimat nie verlassen werde wobei das nichts mit seinem hohen Alter zu tun habe ! - - - Nein, er hoffe, dass er mich eines Tages wieder in seiner Hütte sehen könne !

Wir versprachen uns, den halben Erlös aus den Wurzel welche wir auf den Bäumen entdeckt hatten, er in seinem Dorf und ich in Bombay, wo ich gedachte meine Wurzeln zu verkaufen, in dem Tempel zu opfern.
So verabschiedeten wir uns unter Tränen einige Tage später auf dem Bahnhof von Patna, wobei er mich daran erinnerte:

"Niemals das Hölzchen was er mir damals im Walde geschenkt habe aus der Tasche zu nehmen und immer mein Buschmesser bei mir zu tragen. Niemals damit jemanden anzugreifen, sondern nur das eigene Leben damit zu verteidigen !"

Er schärfte mir auch eindringlich ein :

„Du musst immer erst von jemand Anderem berührt
werden, ehe du zustichst !"

Denke immer an den Leoparden und den Tiger !"

Danach umarmte er mich, küsste mir die Stirn und verschwand wie auf Nimmerwiedersehen mit seiner Bürde auf Kopf und Rücken.

- - - - - - - - - - - - - - - -

Damals hatte ich in diesem Augenblick so ein emotionales Gefühl, als ob die Hälfte von mir verschwunden wäre !
Diesen Verlust konnte ich auch mein ganzes bisheriges Leben nicht vollständig wieder auffüllen.

Was ich aber noch nicht wusste war, dass es ein
Wiedersehen geben sollte !

- - - - - - - - - - - - - - - -

Der Zugaufenthalt in Patna währte nicht lange und so war die Zeit der ersten Trauer, im Moment begrenzt.

Nach weiteren zwei Tagen erreichten wir dann gegen Sonnenuntergang Nägpur und nach einigen Rangierarbeiten deutete mir der Lockführer an, dass die Verweildauer hier drei Tage betrage und die Weiterfahrt am darauf folgendem Tag, sehr früh mit mir oder auch ohne meine Teilnahme weitergehe.

Er konnte sich aber sicher sein, dass ich unter allen Umständen wieder zurück sein werde !

So ließ ich meine Wurzeln und Habseeligkeiten gut gegen Diebe gesichert

in dem Bremserhäuschen des ersten Waggons liegen und erreichte noch am gleichem Abend mein ehemaliges Zuhause.
Doch dort wohnte meine Mutter nicht mehr und so versuchte ich die alte Blechhütte meiner Großeltern zu finden.
Das war wesendlich schwieriger als ich zu Beginn annahm, denn das ganze Umfeld hatte sich stark verändert.

So verging viel kostbare Zeit, bis ich in der späten Nacht die gesuchte Unterkunft finden konnte.

Meine Großeltern wussten zuerst überhaupt nichts mit mir anzufangen, so stark war ich aus ihrem Bewusstsein entschwunden.
Zuerst vermuteten sie in mir auch einen Dieb und nur nach langem Gespräch, wo ich ihnen von meiner Mutter erzählte, konnte ich in ihnen wieder etwas Andenken aufbauen.
Dann waren sie aber auch schnell bereit, mir, wenn auch etwas sehr umständlich Mutters jetzigen Aufenthaltsort zu nennen.
Sie meinten aber es sei besser, jetzt inmitten der Nacht diesen Besuch zu unterlassen und da der darauf folgende Tage ein Feiertag sei, komme Mutter bestimmt um nach ihnen zu sehen.

- - - - - - - - - - - - - - -

Ihr Vertrauen sollte sich bestätigen, denn am nächsten Tag gegen Mittag kam eine Frau herein, die ich nicht gleich als meine Mutter erkennen konnte.
Sie sah sehr gealtert aus und ihr Gang war gebückt.

Ob es nun an der niedrigen Hütte gelegen hat oder ob es ihrer ständigen Körperhaltung entsprach, kann ich heute, da ich einen Teil meines Lebens zu Papier bringe nicht mehr sagen.

- - - - - - - - - - - - - - -

Nun zurück zu ihrem elterlichem Besuch !

Nachdem Mutter mich erkannt hatte, ich war ja inzwischen über zwanzig Jahre alt geworden, erzählte ich ihr in knappen Sätzen, diese wieder bis auf das Allerwichtigste gekürzt, was ich von ihr wollte und auch erwartete !

Sie erschrak völlig, als ich ihr nahe zu legen versuchte, dass ich nach England wolle und sie unter allen Umständen mitkommen müsse!

Meine Großeltern kamen mir jedoch zur Hilfe und erklärten ihr, dass ihre anderen Geschwister ja alle noch lebten und diese sich dann eben verstärkter um ihre Eltern kümmern müssten.
In meiner Euphorie für diese Idee kam ich auf den Gedanken, ihre Geschwister heute oder morgen hier her zu bitten, um gemeinsam darüber zu sprechen.

So geschah es auch und am nächsten Vormittag saß die ganze Großfamilie, zwar wegen Platzmangel im Freien, beisammen.
Allerdings war dadurch nicht zu verhindern, dass auch unsere Nachbarn der Debatte folgen konnten.

So glätteten sich auch nach nicht allzu langer Zeit die "Wogen" der erst recht widersprüchlichen Meinungen zu einem günstigen Ergebnis.

Allgemein war man sich einig geworden, dass meine Mutter, welche ihren Eltern über viele Jahre die größte Unterstützung gegeben hatte aus dieser Verantwortung entbunden werden sollte.
Ich sagte allerdings auch zu, sofern ich in England eine Arbeit finden werde, etwas für den Unterhalt meiner Großeltern beitragen wolle.

Mein Anliegen bezeichnete man als "großherzig" und riet meiner Mutter an, die am nächsten Tag gegebene Gelegenheit unbedingt zu nutzen !

Die Hauptfrage dabei, wovon ich denn die Schiffsreise bezahlen wolle, konnte ich mit dem Verkauf meiner Ginsengwurzeln beantworten.

Was ich für mich behielt war, dass ich nur einen kleinen Anteil, der gerade so für die Überfahrt reiche in Bombay verkaufen wollte, um dann die größere Menge direkt in England zu einem vielfach höherem Preis zu veräußern.
Jong hatte mir vor unserer Trennung auch erzählt, dass er viele Wurzelsammler kenne, die bestimmt auch bereit wären, ihm ihr Sammelgut, sofern ich um es aufzukaufen zurückkomme, zur Aufbewahrung anzuvertrauen.
Damit könnte ich ihnen sicher durch meinen Direktverkauf in England eine bessere Bezahlung sichern.
Wobei dann auch beiden Teilen eine größerer Erlös und ein besseres Leben möglich werde.
In meinem jugendlichem Leichtsinn sagte ich Jong, dem ``Vater des Gedanken´´ zu, dieses wenn irgend möglich in die Tat umzusetzen.

So war nun die Zeit herangereift, dass ich mich mit meiner Mutter zu ihrer Wohnung begeben konnte, die sich als kleiner, aber ansehnlicher Raum entpuppte.

Geschwister hatte ich inzwischen keine bekommen.
Ich konnte von ihr erfahren, dass sie, nachdem ich ihr entlaufen war ein vollständig neues Leben begonnen hatte.

Durch einen Glücksumstand war es ihr möglich geworden, mehrere Jahre bei einem ins Land gekommenem englischen Händler als Dienstmagd zu arbeiten.
Danach konnte sie bis zum Tag in einer Manufaktur als Teppichweber - und - Flechterin ihr ``Brot´´ verdienen.

Pünktlich, abends des dritten Tages waren wir dann Beide am Zug.

Im Bremserhäuschen reichte nun der Platz gerade noch aus, denn wir hatten einige Ballen Wäsche, aus Mutters Haushalt mitgenommen.
Den verbliebenen Rest hatte sie der Tochter ihrer Schwester übergeben.

- - - - - - - - - - - - - - - -

Am nächsten Morgen winkten wir unserer Heimat nochmals zu und unter einem lautem Signal welches durch den taufrischen Morgen hallte, setzte sich die Lok, schnaufend ihre schwere Last hinter sich herziehend, Richtung Bombay in Bewegung.

Mit neuem Elan beschickte ich die Feuerung des Kessels mit Brennstoffen, sodass mein Vaterfreund, der Heizer, sich in einer Ecke zurücklehnen konnte.

Am übernächsten Tag, wiederum abends, hatten wir die Strecke geschafft und leise pustend konnte sich der neue Kessel nach der ersten langen Reise ausruhen.

- - - - - - - - - - - - - - - -

Wir waren auf einem riesigen Güterbahnhof unmittelbar am Hafen eingefahren.
An dessen Rand fand ich bald einen sehr großen Fischmarkt, wo es nicht besonders gut roch und ich mich auch beeilte, von hier schnell wieder hinweg zukommen.

Jedoch nicht all zu weit entfernt schlossen sich ihm weitere Märkte an, wo alles Mögliche, was so ein Mensch benötig zu haben war.
Nach einem Händler für meine Wurzeln hielt ich jedoch vergeblich Ausschau. So ernüchtert und doch etwas niedergeschlagen verging der erste Tag in dieser unübersehbaren Stadt.

Noch konnte ich ja zu dem Zug, wo Mutter auf unserem gemeinsamen

Schatz Obacht gab, zurückkehren.
Die Lok sollte sich erst in einigen Tagen mit neuer Fracht wieder in
Bewegung setzen.

- - - - - - - - - - - - - - - -

Am nächsten Tag versuchte ich mein Glück nochmals an einer neuen
Stelle.
Ich hatte inzwischen herausgefunden, dass es ein wenig weiter abseits einen
Gewürzmarkt geben sollte.
Nach einigem Suchen hatte ich diesen dann auch entdeckt und fragte einen
dort tätigen Händler so beiläufig ob er Einen kenne der Ginseng verkaufe ?
 Er bedauerte, dass auch er zur Zeit keinen habe, das Angebot sei so
 schlecht !

Diese Worte beflügelten irgendwie meinen ``Händlerinstinkt´´, und in mir
rief so ``eine leise Stimme im Hinterkopf´´ : "Na frage doch mal, ob er
welchen kaufen möchte ?"

Die Weisheit Jongs erwachte auch sofort wieder in mir : "Höre auf dich
selbst !" - - "Der eigene schnelle Gedanke ist meist der beste Ratgeber !"

Also fragte ich den Händler. Meine Worte versetzten ihn fast in einen
Freudentanz !
Er beschwor alle guten und bösen Götter die er zu kennen glaubte und erzählte mir dann, dass es schon lange hier in Bombay keine Wurzeln mehr
zu kaufen gebe.

Ich habe ihn dann zum Bahnhof gebeten, damit er sich meine Ware an-
sehen könne.
Ohne, dass ich groß handeln musste, meine ``Zugväter´´ waren meine
Sicherheitsgarantie bei diesem Geschäft, erzielte ich einen nie erträumten
hohen Gewinn für einen geringen Teil meiner Wurzeln, welche ich hier an
Ort und Stelle zu verkaufen gedacht hatte.

Im Anschluss begab ich mich sofort zu einem Tempel, um die Hälfte meines Erlöse als Opfer darzubringen.
Auch versäumte ich nicht mein Gebet dort zu verrichten und um einen gesegneten Weg für meine Mutter und mich zu meinem Vater zu bitten !

Da die Abfahrt des Zuges auch bald herannahte und wir dann mit unserem ganzem Gut ohne ein Dach über dem Kopf zuhaben dagestanden hätten, ging ich anschließend zum Hafen hinunter wo die großen Überseesegler und einige Motorschiffe vor Anker lagen.

Als ich weit vorn angekommen war, entdeckte ich ein Kriegsschiff der englischen Marine.
Dabei kam mir der Gedanke, ob es denn nicht möglich sein könne, gleich mit diesem nach England zu gelangen ?
Aber wir sollte ich es denn überhaupt anstellen um mit diesen Männern in Uniform ins Gespräch zu kommen ?
Ich konnte ihre und sie meine Sprache nicht verstehen !

Auf dem Rückweg zum Bahnhof, kam mir nach langem ``Rätselraten´´ dann die Erleuchtung !
Meine Mutter hatte mir doch erzählt, dass sie bei einem englischen Händler im Dienst war und mein Vater war doch auch ein englischer Offizier und da müsste sie doch eigentlich auch einige Worte dieser Sprache beherrschen !
Nicht lange danach, waren wir schon auf dem Weg zum Hafen unterwegs.

An dem von mir dafür ausgesuchtem Schiff angekommen, musste ich mich damals lange gedulden, ehe Mutter ihren ganzen Mut zusammengefasst hatte, um überhaupt erst einmal einen der vorbei kommenden Matrosen anzusprechen.

Endlich kam Einer, der mit eine für mich interessante Jacke bekleidet war, diese hatte an den Ärmelenden goldene Steifen, welche jetzt im Licht der schon untergehenden Sonne lustig glitzerten.

Diesen Mann sprach Mutter dann auch an.
Was ich davon verstand war nur "Sir", weiter nichts.

Er hörte Mutter aber erstaunlich lange zu, was sie ihm, in der mir vollkommen fremden Sprache zu sagen hatte !

Mehrmals zuckte er mit den Schultern, was ich als Ablehnung verstand.
Dann wiegte er seinen Kopf mehrmals hin und her, was für mich wiederum bedeutete, dass wir heute kein Glück haben werden.
Dann jedoch zeigte er auf mich, und bei seiner rechten Handbewegung erkannte ich, dass wir mitkommen sollten.

Auf das Schiff durften wir aber nicht und mussten also vor der Bordleiter warten.

- - - - - - - - - - - - - - - -

Die Zeit, welche wir nun so zurückgelassen warteten, wollte einfach nicht vorwärts gehen !

Mit einemmal erschien er aber wieder an der Schiffsbordkante und rief etwas herunter, wobei er mit beiden Armen und Händen immer wieder Bewegungen vollzog, als ob wir vom Schiff weggehen sollten !
Mir wurde jetzt klar, wir sollten schnellstens von hier verschwinden, er wolle uns nicht mehr sehen !

Meine Mutter drehte sich schnell zu mir um und rief leise : "Na was hast du denn ? Stehst mit offenem Mund da ! Los, wir müssen uns ganz schnell beeilen, das Schiff löst in drei Stunden die Anker !"

"Was nutzt es uns !", gab ich damals wohl traurig zur Antwort.

"Nun los, beweg dich, wir müssen unser Gepäck holen, sonst verpassen wir die Abfahrt !", wahr ihre Ermahnung, welche ich zum Ergebnis des Gespräches zu hören bekam.

Wie auf der Flucht vor einem Ungeheuer eilten wir zum Bahnhof zurück um unser Hab und Gut zu holen !
Der Lokführer und Heizer warteten schon auf uns, da sie die Zusammenstellung des Zuges auch vorzeitig beenden konnten.

- - - - - - - - - - - - - - - -

Eine herzliche Verabschiedung mit Tränen, Umarmungen und Schulterklopfen, mit der Hoffnung uns irgendwann noch einmal wiederzusehen folgten dem wichtigen Hinweis, dass der Zug aller drei Monate hier im Bahnhof von Bombay stehen werde.

Trotz vorgegebener Eile, beförderte der Heizer unser Gepäck mit zu dem Schiff.
Zuerst erzeugte diese Geste an Bord etwas Unstimmigkeit, da man annahm, er wolle auch mitreisen.
Aber das klärte sich umgehend auf und so erhielten wir dann von einem Matrosen eine Koje zugewiesen wobei er gleichzeitig meine Mutter informierte, dass unser beider Aufgabe darin bestehe, im Zeitraum der Überfahrt in der Küche zu arbeiten und für mich war klar, dass ich hier jede Tätigkeit verrichten würde, nur um in das Heimatland meines Vaters zu gelangen !

Zu meinem Erstaunen verflog die Zeit für mich auf dem Schiff wie ``in Windeseile´´.
Der Wellengang erzeugte glücklicherweise bei mir nicht diese üblen Magengefühle unter welchen meine Mutter zu leiden begann.
Dennoch konnte ich ihr Unwohlsein nachempfinden, da ich bei meinen ersten Übernachtungen bei Wind im Baumgeäst der Dschungelbäume ähnlichen Bedingungen ausgesetzt war.
Nun war mein Körper gegen solche Gleichgewichtstörungen sicher schon immun.

Zwischendurch hatten wir eine schöne Abwechslung, indem wir einen nicht besonders breiten Fluß passierten.
Damals dachte ich, wir wären schon in England angekommen, aber nein bis dahin sollten noch zwei Wochen vergehen.
Meine Mutter konnte mich, nachdem sie sich bei der Besatzung danach befragt hatte aufklären, dass es sich nicht um einen Fluss, sondern um eine von Menschen gebaute Wasserstraße handele.

Heute, wo ich das alles aufschreibe, ist mir darüber natürlich alles bekannt und ich habe inzwischen diese Schiffsroute schon mehrmals genutzt, damit wir nicht die lange Schiffsreise um Afrika herum, wo an der Spitze dieses Kontinents das ``Kap der guten Hoffnung´´ liegt, nehmen mussten.

Es war im Nachhinein ein gutes Gefühl zu erfahren, dass wir damit, der von den Seeleuten so gefürchteten Stelle, wo zwei Meeresströmungen aufeinander treffen und riesige Wellen mit orkanartigen Winden auftreten, aus dem Weg gehen konnten.
Nun ist es mir auch möglich, den Namen dieser Wasserstraße zu nennen.
Suezkanal wird sie genannt, unter der Leitung von ``Verdinant von Lessepa´´ erbaut und im Jahr 1869 fertiggestellt.

Nun war es möglich, von Indien aus mit einer Zeitersparung von drei bis vier Wochen England zu erreichen und so vor den größten Gefahren bewahrt, kamen wir im August 1871, im Flottenhafen von Toryuay an.

Am nächsten Morgen war Landgang und Abschied vom Schiff angesagt.
Die Überraschung war groß, als wir den Befehl erhielten, uns sofort bei dem Intendanten des Schiffes zu melden !
Da wir bisher keine Zahlung für die Überfahrt entrichten musste, bestand jetzt die Sorge, welche Höhe man nun von uns fordern werde !
Alles kam aber ganz anders !

Jeder von uns erhielt ein Kuvert mit Inhalt, welchen wir an ``Ort und Stelle´´ vorzählen mussten.

Mutter hatte da wenig Probleme, ihr war dieser Vorgang von ihren erhaltenen Lohnzahlungen bekannt.
Meine Kenntnisse reichten jedoch nur so weit, dass ich die Rupie für meine Wurzeln zählen konnte.
Richtig rechnen hatte ich bisher nicht gelernt, auch meine richtige Unterschrift konnte ich auf einem mir vorgelegtem Papier noch nicht leisten und so war ich erneut, auf die Hilfe meiner lieben Mutter angewiesen.

Meine Frage, so kann ich mich gut erinnern, war :
"Für was denn das wieder notwendig sei ?"
"Damit du nicht noch einmal die gleiche Geldsumme verlangen kannst, beantwortete sie mir diese damals.
Auch diese Notwendigkeit war für mich vollkommen fremd, was sich aber in dieser neuen ``Welt´´, welche ich zu betreten bereit war, ganz schnell ändern sollte.

- - - - - - - - - - - - - - - -

Ohne den richtigen Wert eines solchen Papierscheines zu kennen, steckte ich ihn einfach in die Hosentasche.
Mutter verwahrte diesen allerdings geradeso als ob er ein Kleinod wäre sorgsam in einem kleinem Beutelchen.

Danach holten wir unser Gepäck, und da es für einen Gang hinunter auf das Land zu viel war, erhielten wir hier durch einen Matrosen die entsprechende Unterstützung.

- - - - - - - - - - - - - - - -

So das war geschafft !

Nun standen wir auf dem ersehntem Land unmittelbar vor dem Schiff, aber

auf militärischem Gebiet.
Unser einziges Gut waren die Ginsengwurzeln und die weitere Zukunft, war für uns ``ein großes dunkles Loch´´.

In diesem Moment wussten wir einfach überhaupt noch nicht so recht, wohin der Weg nun gehen solle ? - - - -, oder doch ?

Ja ! - - - Meine Mutter hatte mir doch schon erzählt, dass der Matrose, welcher uns die Überfahrt ermöglicht hatte der 1. Offizier des Schiffes war und dass sich bei einigen Gesprächen, welche sie mit ihm hatte, sich wie ein großer Zufall herausstellte, dass er mit meinem Vater die ersten Schuljahre verbracht und sogar gemeinsam die gleiche Schulbank ``gedrückt´´ habe !

Aber ihre Wege hätten sich in der späteren Ausbildung und bei der britischen Armee weiter getrennt, und eine weitere Verbindung bestehen nicht mehr.

In dieser augenblicklich aussichtslosen Lage, zog meine Mutter einen in einem Tuch sorgfältig eingewickelten Brief hervor und entnahm diesem ein Bild.

"Sieh mal her !", forderte sie mich auf, "das hier ist dein Vater vor fünfundzwanzig Jahren.
Er hat mir diesen Brief einmal geschenkt, und darauf steht sogar die Adresse seiner Eltern, vielleicht wollte er mir damit die Möglichkeit geben, irgendwann mit ihm Kontakt aufzunehmen ?"
Ich sah auf dem Bild einen Mann, wo ich erst annahm, ihn irgendwie zu kennen !
Aber ich war damals wohl noch zu klein, um mir sein Angesicht einprägen zu können.
Er hatte ein strengen, aber verbindlichen Gesichtsausdruck. Erinnern konnte ich mich daran jedenfalls nicht !

Aber warum kam er mir bekannt vor ?

Diese Frage richtete ich damals an meine Mutter, was bei ihr ein leichtes Lächeln um ihren sonst so verschlossenen Mund auslöste.

Sie griff daraufhin aber sofort in ihren kleinen Beutel und beförderte ein kleines Spiegelchen an das Tageslicht welches sie mir mit der Bitte übergab :
"Sie doch mal hinein und halte das Bild daneben hin !"

Ich kam ihrem Hinweis nach und mein Mund blieb vor Staunen regelrecht offen stehen !

"Dieser Mann sieht ja gerade fast wie ich aus, nur dass er älter ist, so wie ein Bruder von mir !", muss ich wohl gesagt haben, denn dicke Tränen liefen über ihre Wangen !

"Ja !", sagte sie, "du siehst ihm wie aus ``dem Gesicht geschnitten´´ aus, aber einen großen Unterschied gibt es doch, den du noch nicht erkennen konntest !
Dein Vater hat himmelblaue Augen, deine sind wunderbar schwarz wie die Nacht !"

- - - - - - - - - - - - - - - -

So war eine ganze Weile vergangen und wir hatten noch keinen Entschluss gefasst, wie es mit uns nun weiter gehen solle.

Da kam der rettende "Engel" aber noch einmal in Person des 1. Offiziers !
Die jetzige Unterhaltung hatte einen anderen Unterton wie damals bei dem ersten Zusammentreffen mit uns in Indien.
Vielleicht lag es daran, meinte ich für mich, dass er auf dem Boden seiner Heimat steht und nicht in einem fremdem Land, wo Seinesgleichen nicht gern gesehen waren.

Oder war der Grund : "Dass er jetzt nicht im Dienst ist ?

Sicher war ich mir nicht, aber wer kann schon wissen, was immer so in uns vor sich geht !

Das Ergebnis ereilte mich dennoch schnell, indem mir meine Mutter erklärte, dass wir jetzt gemeinsam zu dem Bahnhof gehen, um auf das Land, - - - - - ``das sollte außerhalb der Stadt bedeuten, - für mich auch ein neuer Begriff´´ - - - - - zu seinen Eltern zu fahren, welche unsere Hilfe benötigen könnten.

- - - - - - - - - - - - - - - -

Es war eine nicht sehr lange Fahrt. Der Zug kam zum Stehen und außer uns verließen noch viele Fahrgäste das ``schnaufende Gefährt´´.

Auf dem Bahnhofsplatz hatten schon vor dessen Ankunft mehrere Pferdefuhrwerk ihren Platz gefunden, um auf keinen Fall, auch nur einen einzigen der begehrten Reisenden zu verpassen.
Mister Bron, so der Familienname unseres Begleiters sprach nur kurz mit einem der Kutscher und schon konnten wir diesem unser Gepäck zureichen.

Nach kurzer Fahrt auf einem breitem, beiderseits von großen, wie Säulen anmutenden Bäumen gesäumtem, grob gepflastertem Weg, erreichten wir ein zweistöckiges, aus Sandsteinen zusammengefügtes Haus.
Im Hintergrund dieses Gebäudes sah ich eine urige Landschaft, die mich im ersten Augenblick noch etwas unheimlich anmutete.
Einige Tage später wusste ich dann, dass es sich um ein mooriges Land mit dem Namen "Mendip Hills" handelte.
Die Entladung des Fuhrwerks war schnell, unter der Hilfe eines älteren Mannes, welcher sicher hier im Dienst stand, erledigt.

Dieser führte uns dann auch in eine geräumige Halle dieses Hauses, wo nach einer gewissen Wartezeit, Mister Braun im Geleit einer alten Frau und eines ebensolchen Mannes erschien.

Da Mutter mir in diesem kurzen Zeitraum schnell erzählt hatte, dass er erst noch mit seinen Eltern über unsere Situation sprechen müsse, wobei er ihnen erzählen wolle, dass sie als gute Schiffsköchin bekannt sei und ich als junger Butler im Hause tätig werden solle, war für uns klar, dass diese alten Herrschaften seine Eltern sein müssten.

Nach einigem ``Hin und Her´´ schien es dann aber doch Einigkeit zu geben, und mit Händedruck erfolgte unsere Begrüßung, was gleichzeitig als verbindliche Einstellung in den Dienst zu verstehen war.

Der alte Mann, welcher uns bei den hier ``ersten Schritten´´ begleitet hatte, zeigte uns dann unsere Zimmer und so konnten wir auch hier die meisten mitgebrachten Dinge gut verstauen.

Verdächtigen Blickes verfolgte er dabei aber meine Wurzelsäcke, welche ich erst einmal auf dem zum Zimmer führendem Gang abstellen musste und ich war recht froh, schon am nächsten Tag auch für diese ein vernünf- tiges Plätzchen gefunden zu haben.
Mich setzte besonders in Erstaunen, dass meiner Mutter mit einemmal ohne Schwierigkeiten, in der nun hier üblichen Landessprache, mit Hennry recht lang andauernde Gespräche führen konnte!

Was sich daraufhin für mich herausstellte war, mit welcher Selbstverständ- lichkeit dieser alte Mann, bereits am nächsten Tag nach unserer Anreise, mir gegenüber eine Großvaterstelle einnahm !

Diese Obhut hatte ich, seit sich die Wege von Jong und mir trennten schon schmerzlich vermisst.

Hier in England war dieses Verhältnis aber genau so wichtig wie im Ur- wald von Indien, musste ich doch erst alle Geflogenheiten, dieser für mich vollkommen neuen Welt, begreifen lernen.
Besonders aber erst einmal die Gewohnheiten in diesem ``Haus´´!

Da die Verständigung ja nicht gleich klappen wollte, musste ich jeden Abend nach dem Essen, vier Stunden bis ``Glock´´ zweiundzwanzig Uhr, wie er zu sagen pflegte : "Englisch lernen".

Damit aber noch nicht genug !

In Indien hatte ich kaum etwas schreiben gelernt, was nun hier in England kompromisslos nachzuholen war !
Über diesen Ablauf wachte Mister Brown Junior, wie ein Kommandant einer Armee !
Täglich wollte er von Hennry über meine Fortschritte informiert werden !

Ich gestehe heute nach so vielen Jahren, dass er ein wirklicher Freund meines Vaters war und zu meiner Freude auch heute noch ist, und er alles daran setzte, dass ich meines Erzeugers würdiger werde !

- - - - - - - - - - - - - - - -

An die Arbeit im Haus und den Umgang mit den vorhandenen Tieren, hatte ich mich schnell gewöhnt und mit meinen nun einundzwanzig Jahren und den erlebten Erschwernissen der dazu gehörigen Vergangenheit, war das bei der Familie Brown wie der ``ersehnte Himmel auf Erden´´ !

Darüber hinaus sollte es ja auch noch weiter gehen.
``Schrittweise´´ führte mich Hennry an die Sitten und Gebräuche der höher gestellten Gesellschaft Englands heran.
Diese zu erlernen, war für mich schwieriger als alles Bisherige !

Die Umgangsform der Menschen hier, verlangte irgend so eine Untertänigkeit, welche mir bisher vollkommen fremd war.

So genannter ``Anstand und Unterordnung´´ waren für mich nicht unterscheidbar !
Dadurch hatte ich eine ganze Reihe von Gewissensauseinandersetzungen

zu überstehen, die ich aber zu meinem großem Glück, mit meinen rasch zunehmenden Sprachkenntnissen überwinden konnte !

Ein Buschmensch welcher ich war, und ein gebildeter junger Mann höheren englischen Stils der ich werden sollte, dass waren zwei vollkommen verschiedene Welten.
Heute bin ich noch zutiefst davon berührt, beides, immer zu dem erforderlichem Zeitpunkt voll beherrschen gelernt zu haben !

Der Grund dafür mag darin liegen, dass ich im Urwald nicht nur den ``Willen zum Überleben´´ hatte, sondern wenn es irgend möglich war, ``Herr über die Sache´´ sein musste !

So auch von meiner neuen Umwelt gefordert, könne ich, wie mein Lehrer Hennry nach einem Jahr sagte :
"Auf die Zivilisation losgelassen werden !"

Gestärkt durch dieses Urteil wagte ich mich nun auch allein nach London, wo ich meine Ginsengwurzeln zu Traumpreisen verkaufen konnte !

- - - - - - - - - - - - - - - -

Wenig Jahre später, in meinem fünfundzwanzigstem Lebensjahr ereignete sich dann auch ganz unerwartet, die Erfüllung meines Englandtraums.

Mister Brown jun. hatte ja seit langer Zeit den Kontakt zu meinem Vater verloren und so konnte er nun, da Mutter ihm aus dem alten Brief die Adresse seiner Eltern anvertraute, seinen Jugendfreund, meinen Vater auffinden !

So geschah es dann, dass er eines Sonntags mit einer Pferdekutsche in unserem Ort namens ``Frome´´ bei meinen Herrschaften aufkreuzte.

Mister Brown hatte ihm, keinerlei vorherige Information zu dem wahrem Grund seiner Einladung zukommen lassen und so hatten an diesem ereig-

nisreichem Tag, anstatt der sonst fünf Personen eben sechs an der Tafel ihre Plätze eingenommen.
Meine Mutter, die zuvor die Speisen aufgetragen hatte war somit auch schon anwesend und so begann Mister Brown Senior, der Hausherr seinen Gast mit den Worten :

" Mister Miller, Sie sind bei uns herzlich Willkommen, wir freuen uns alle, Sie nach langer Zeit wieder einmal in unserer Mitte begrüßen zu können !"

Dann stellte er, aus rein zeremoniellen Gründen, nochmals alle vor :

"Nun meinen Sohn, den kennen Sie ja schon seit Kindesbeinen.

An meine Frau und mich alten ``Knaben´´ erinnern Sie sich sicher auch noch, wenn Sie darüber hinwegsehen, dass der ``Zahn der Zeit´´ nicht besonders zaghaft und spurlos an uns vorüber gegangen ist !

Dieser alte Mann zu meiner Linken, ist unser ehrenhafter Buttler, welcher uns jederzeit über die schwersten Probleme hinweg geholfen hat.

Diese Frau, welche Ihnen gegenüber ihren Platz Eingenommen hat und dieser junge Mann, haben nun schon vor einer ganzen Zeit bei uns in England eine neue Heimat gefunden.
Sie sind aus Indien mit dem Schiff, auf welchem mein Sohn seinen Dienst verrichtet, nach England gekommen !"

Danach lobte er uns als Dienstleute und forderte alle auf, mit ihm ein Gebet zu sprechen, an welches er noch den Wunsch anfügte, dass wir uns am heutigen Tag, ``mit Gottes Segen´´ wohlfühlen mögen !

- - - - - - - - - - - - - - - -

Das Essen war wie alle Tage vorzüglich gelungen.

Mister Miller schien aber keinen großen Hunger zu verspüren, denn seine

Blicke schweiften zu oft in der Runde umher, um immer öfter an meiner Mutter und mir ``hängen´´ zu bleiben.

Nach der Einnahme des Mittagsmahls konnten wir dann alle unsere eigenen Weg gehen und so beherrschte das ganze Haus bald tiefe Stille !

Nach der Teezeit, gegen Abend rief uns dann Mister Brown jun. in den Salon, wo wir Platz nehmen sollten.
Bereits anwesend waren neben Mister Brown sen. und seiner Frau auch Mister Miller.

Diese Einladung in den ``heiligsten´´ Raum dieses Hauses war für uns eine vollständig neue Geste, denn ich hatte ihn noch nie betreten können, aber gerade deshalb vermutete ich nun auch, dass jetzt ein ganz wichtiger Moment in meinem Leben geschehen werde !

Mister Brown jun. begann mit einer kleinen Rede, die mir noch heute nach vierzig Jahren, wo ich diese Zeilen zu Papier bringe, in den Ohren klingen !
:

"Lieber Erald ! Wir haben zusammen auf einer Schulbank gesessen und auch entsprechende Lausbubenstreiche miteinander begangen.
Wir haben beide verschiedene Wege eingeschlagen, aber die britische Armee hat uns gleichermaßen erzogen.
Wir sind ehrenhafte Männer geworden und haben geschworen, diese Verpflichtung lebenslang zu achten.
Ich hoffe, dass diese Freundschaft der Jugend uns zu-künftig begleiten möge, auch wenn ich Dir heute zu nahe treten sollte !"

Meines Vaters Augen schienen sich damals bei diesen Worte zusammen zu ziehen.
Seine Stirnfalten vertieften sich sichtbar und er wirkte mit einemmal nervös !

Mister Brown dann weiter:
"Ich will es kurz fassen, lieber Erald, der Dir gegenüber sitzende junge Mann, ist Dein Sohn, welchen wir mit seiner Mutter aus Indien mitgebracht haben !"

Mir wurde es damals bei dieser Offenbarung ganz schwarz vor den Augen.
Meiner Mutter liefen die Tränen über die Wangen, mein Vater fasste sich mit beiden Händen an den Kopf um sich aufrecht zu halten !

Frau Brown fing an zu schluchzen und ihr Mann verschaffte sich die innere Ruhe, indem er ein Weilchen im Salon hin und her wandelte.
Ansonsten war es lange still im Raum, keiner war wohl noch seiner Stimme mächtig.

Die erste Reaktion in unserer Runde war, dass mein Vater auf mich zukam und mich an seine Brust heranzog.
Er umarmte mich lange und ehe er mich, immer noch mit ausgestreckten Armen festhaltend dann freigab, neigte er sich nochmals zu mir, küsste mich auf die Stirn und sagte :
   "Du hast mir das größte Glück meines bisherigen Lebens gegeben !"

Danach nahm er auch meine Mutter in die Arme, dankte ihr gleichermaßen mit zwei, drei Küssen auf die Stirn und mit Worten des Dankes für ihre selbstlose Hingabe für ihren gemeinsamen Sohn.
Meine Vergangenheit bis zu diesem Tag habe ich ihm zu einem späterem

Zeitpunkt in allen seinen Phasen umfassend geschildert.

Der Abend war einer der fröhlichsten welchen ich erleben durfte. Es gab Wein, ein Getränk was ich damals vorher noch nie kennen lernen konnte. Dessen Wirkung blieb nicht aus und so entstand aus der vorher etwas sinnlichen Atmosphäre ein aufgelockertes Familientreffen.
``Pap´´, wie ich nun meinen Vater nennen durfte, blieb einige Tage bei uns.

Diese Zeit werde ich jetzt in meinem Bericht nur kurz erwähnen. Sollte ich einmal mehr Zeit haben und mir ein langer Lebensabend beschieden sein, so hatte ich es mir damals vorgenommen, wollte ich auch diese Zeit noch für meine Ahnen festhalten.
Hier jetzt nur ein kleiner Anfang davon.

Also :

Pap, war nach seinem Abgang aus dem Militärdienst Mitinhaber des elterlichen Handelsunternehmen geworden.
Er wollte eine Familie gründen, welche jedoch kinderlos blieb.
Seine Frau hatte ihn verlassen, weil sie annahm, dass er keine Kinder zeugen könne.
Sie hatte wieder geheiratet, blieb aber auch da kinderlos.
Vater war bis zum Zeitpunkt unbeweibt geblieben.

Was nun mich betraf, so vereinbarte mein Vater mit Mister Brown sen. und seinem wiedergefundenem Freund, dass ich hier weiterhin verbleiben, aber gleichzeitig eine Handelsschule besuchen solle um ihn später in seinem Geschäft zu unterstützen.
Er hatte gleichzeitig auch beschlossen, mich offiziell als seinen Sohn mit

dem Namen ``Edward Miller, geboren am 3. September 1865 in Nägpur, Indien eintragen zu lassen.

Meine Mutter heiratete er ungefähr ein Jahr später.
Vorher versorgte er aber dem alten Ehepaar Brown noch eine erstklassige Wirtschafterin.

Die Handelsbeziehungen unserer Familie reichten von Afrika, Indonesien bis China.

Indien war in diesem Bereich noch nicht einbezogen und meine Bemühungen, Vater auch für einen Handel mit Ginseng zu begeistern liefen die erste Zeit fehl.

Der Grund dafür war, da er bei seinem Einsatz in Indien erfahren hatte, unter welchen Umständen diese Wurzeln gesucht werden mussten. Meine Erzählungen hatte seine Auffassung dann noch bestärkt und so sollte erst einmal kein Weg dahin führen.

Als ich ihm nach ein wenig Zeit wieder von meinem Ziehvater Jong und meinem Versprechen diesem gegenüber erzählte, willigte er dann doch ein, eine kleine Handelsagentur in Bombay, oder da wo ich es für richtig erachte einzurichten.

So konnte ich, als gerade mein dreißigster Geburtstag vorbei war, wieder mit einem Kreuzer der britischen Marine in Richtung Indien reisen.

Dort angekommen, gelang es mir auch, mit dem ersten Zug für ein paar Pfund Sterling in Richtung Norden mitgenommen zu werden.
Entsprechend meinem Heimatland gekleidet, mit Hölzchen, Buschmesser und Tragsack ausgerüstet, schaffte ich es diesmal in zwei Tagen bis Panta zu kommen.
Drei Tage später stand ich vor Jongs Hütte, der Eingang war zu und auch nicht zu öffnen !
Ich hatte schon meine Bedenken, ihn überhaupt noch einmal wiederzu-

sehen !

Ich ging jedoch zum Tempel und auch dort hinein, und da kniete er, mein alter Jong

Als er mich erkannt hatte, hielt er schnell die Hände vor seine Augen, als ob er Angst habe, diesen Anblick wieder verlieren zu müssen.
Doch dann stürzte er auf mich zu und ich musste ihn halten, damit er nicht zusammenbreche !

Nach einer Beruhigungspause meinte er dann zu mir :
"Ich hätte ihn sehr lange Zeit warten lassen ! Aber nun wäre ich ja da und nun gehe die Zeit mit ihm weiter voran !"

Jong zählte zu diesem Zeitpunkt achtundsechzig Jahre und ich sagte wohl damals auch so nebenbei :
"Nun zwanzig Jahre hast du noch, wenn nicht noch viel mehr !"

Dann ging die Fragerei von beiden Seiten weiter :

...... "sammelst du immer noch Wurzelmenschen ?
Oder irre ich mich ? Du kannst dich doch wohl noch daran erinnern, dass du sagtest, ich solle diese in England verkaufen !
Jetzt bin ich hier und will dir sagen, dass ich von euch alle Wurzeln kaufe die ihr mir anbietet, aber nur unter einer Bedingung, dass ich erkennen kann, dass die Wurzeln nicht mit dem gesamten Wurzelstock herausgerissen wurden !

So wie du sammelst und es mir gezeigt hast müssen sie beschaffen sein !
Nur diese Wurzeln bezahle ich in englischen Pfund, zum dreifach höheren Preis als was sie hier in Indien erbringen."
...... "und wo sollen wir diese hinbringen ?" , So Jong.
...... "nach Patna an den Bahnhof, dort werde ich jedes Jahr einmal, immer am letzten Tag des Monats vor dem Monsun hinkommen !"
Zwei Tage nach meiner Ankunft, schenkte ich Jong mehrere Pfund

Sterling, übernahm seinen Ginsengvorrat im Umfang meiner Tragsackkapazität bezahlte ihm den vorher bereits angekündigten dreifachen Preis, und verabschiedete mich mit herzlichen Gesten.

Nach fünf Tagen hatte ich, glücklich über den Verlauf, Bombay wieder erreicht.

Kaum dort angekommen besuchte ich den Gewürzmarkt, um nach der Möglichkeit eines weiteren Ginsengsaufkaufs Ausschau zu halten.

Am Rande dieses Marktes entdeckte ich dann das, was ich suchte!

Ein Händler versuchte, durch eine mit großen Buchstaben beschriebene Hauswand : "Kräuter, Gewürze alles für das Leben!", die Aufmerksamkeit auf sein Geschäft zu lenken.

Da ich das Handelssortiment unseres Familienbetriebes ausreichend kannte, interessierte ich mich natürlich besonders für dessen Angebot.

Bei meiner Durchsicht konnte ich feststellen, dass er auch Gewürze handelte, welche bei uns noch nicht existierten.
Auf Anfrage, stellte er eine Probe für mich zusammen und ich vereinbarte mit ihm, dass er voraussichtlich eine Bestellung erhält und ich diese, bei meinem jährlichem Besuch in Indien diese Ware dann mitnehmen werde.
Auf die Heimreise mit dem Schiff musste ich leider dann noch etwas warten, denn einem normalem Handelsschiff wollte ich mich damals nicht anvertrauen.

Immerhin waren wir lange auf hoher See und diese Schiffe waren zum Teil alte Kähne, welche nicht jeden Sturm überlebten!

Erst vor kurzer Zeit hatte eine britische Schifffahrtslinie, zwei Handelsschiffe im Indischen Ozean mit "Mann und Maus" verloren.

Also beschloss ich, noch bis zu einer günstigen Gelegenheit zu warten.

Bei dem Gedanken, wie ich denn diese Zeit am vernünftigsten nutzen könnte, erinnerte ich mich an die Zusage meines Vaters, gegebenenfalls hier eine Agentur zu gründen !

Mit diesem, eigentlich meinem Wunsch , begab ich mich erneut zu meinem neuem ``Geschäftspartner´´ und kam mit ihm überein, er möge in Patna oder Känpur in unserem Auftrag eine Filiale gründen.

Aus dieser Absprache, sollte im Laufe der nächsten Jahrzehnte, ein zum beiderseitigem Vorteil gereichender sehr gut florierender Handel heranwachsen.

- - - - - - - - - - - - - - - -

Im britischen Flottenstützpunkt konnte ich zwischenzeitlich erfahren, dass in wenigen Tagen ein Schiff einlaufe, welches gleich am nächsten Tag seine Reise nach England fortsetzen werde.

Bei dieser Nachricht verblieb ich bis dahin am Ort und konnte mein Heimatgefühl noch etwas weiter auffrischen.

Als ich nach dieser Wartezeit an Bord gehen konnte, fand ich dort bereits sehr interessante Mitreisende vor!
Es stellte sich heraus, dass das Schiff nicht aus England, sonder von Indonesien, dem Hafen Jarkarta kam.

Im Laufe der Reise konnte ich mich mit einigen wissenschaftlichen Teilnehmern einer Expedition, besonders aber mit einer dazugehörigen sympathischen jungen Frau anfreunden.

- - - - - - - - - - - - - - - -

Ich will es nun aber ganz kurz fassen !
In England angekommen, versprachen wir uns weiterhin Kontakt zu halten.

Zwei Jahre später heirateten wir und Luis schenkte mir in den nächsten Jahren drei Kinder .

Einen Sohn, mit dem Namen Roland und zwei süße Mädchen , die wir Ina und Chris nannten !

- - - - - - - - - - - - - - - -

So, das soll vorerst alles sein !

Sollte mir, wie schon gesagt ein langes Leben beschieden sein, dann werde ich für meine Ahnen ein Buch verfassen !

Hello !   Ende !

Herstellung und Verlag:
BoD - Books on Demand, Norderstedt
ISBN 978-3-7412-7121-2